'아단문고 고전 총서'를 펴내며

지금부터 200여 년 전 연암 박지원은 문학 창작의 원리로 '법고창신(法古創新)'의 정신을 내세웠습니다. 옛것을 본받으면서도 변화할 수 있고, 새것을 만들어내면서도 법도에 맞아야 독창적인 글을 쓸 수 있다는 뜻입니다. 연암의 생각은 오늘날에도 유효합니다. 옛것만을 불변의 진리로 답습하는 것은 흙으로 빚어놓은 가짜에 지나지 않고, 새것만을 숭배하는 것은 뿌리를 내리지 못하고 떠도는 부초와 같습니다.

지금 이곳에서 살아가는 사람들의 참모습을 그려내는 것이야말로 새 글이 꿈꾸는 오랜 정신일 것입니다. (재)아단문고에서 '고전 총서'를 발간하는 뜻도 바로 여기에 있습니다. 오랜 글과 책은 이미 낡아서 버려야 하는 것이 아니라, 당대인들의 삶과 정신을 여실하게 반영하고 있다는 점에서 오늘날 새롭게 해석하고 되풀이해서 본받아야 할 전범입니다.

'아단문고 고전 총서'는 오늘날에도 여전히 가치 있는 전통을 발굴해 낼 것입니다. 전통을 발굴하는 데만 그치는 것이 아니라, 거기에 담겨 있는 정신의 폭과 깊이를 되살려서 오늘날의 시대정신과 소통할 수 있는 지점들을 탐색해 갈 것입니다. 옛것에 숨어 있는 오래된 미래의 가능성을 찾아내고 새것에 숨 쉬고 있을 참신한 전통을 발견하는 것이 우리가 지향하는 바입니다.

그 어떤 최첨단의 과학과 기술도 전통의 두께와 깊이를 모방하거나 능가할 수는 없습니다. 전통에는 오랜 삶의 기억과 영혼의 무늬가 새겨져 있기 때문입니다. 시간이 지나면 낡아가는 물건과 달리 오히려 세월이 얹힐수록 더 새로워지는 것이 전통입니다. '아단문고 고전 총서'는 전통의 형식이 아니라 내면의 정신을 본받으려 합니다. 우리는 이 책들이 우리 시대와 만나서 창조적인 가역반응을 일으킬 수 있으리라고 믿습니다.

심 청 젼

쇼셜젼룩

신문관 셔울

발힝

젼쳥심

쇼셜젼룩

신문관 서울

발힝

륙젼쇼셜

근린 쳑박눈 법이 편홈을 싸라 답지 못훈 칙이 만히 나눈즁 녜젼부터 넉니 힘들던 칙을 구태 일홈을 밧고고 소연을 고치되 흔이 쥬옥을 변호야 와록을 만드러 턱 업눈 리를 탐흐눈재 만흐니 엇지 한심치 아니흐리오 우리가 이를 개연히 넉이여 크게 이 폐단을 고칠 쎄를 흘셔 먼져 녯 칙 가운디 가히 젼을 만흔것을 가리혀 소연과 글의 잘못된것을 바로잡으며 울치 못흔것을 맛당토록 고치여 이 『륙젼쇼셜』 (六錢小說) 이란것을 내오니 소연은 넷 맛이 새로우며 글은 원법에 마지며 치은 양젼흐며 갑순 싼지라 소히 쳠군즈씌셔논 다 힝히 깃붐으로 마지시기를 쳔만 바라노이다

심 청 젼 (권지단)

화셜고려말년에남군따헤일위명시잇스되셩은심이오명은현이니본티명문거족으로공에게느르러는공명에유의치아니ᄒ여향리에퇴쳐ᄒ고부인졍시는셩문지녀로픔질이유한ᄒ고용뫼작약ᄒ지라공으로더브러동쥬십여년에일즉미흡홈이업스되다만슬하에일졈혈육이업슴으로부뷔미양샹티ᄒ여슬허ᄒ더니후에부인이신몽을엇고인ᄒ여그들붓허잉티ᄒ여십삭만에일기녀ᄋ를싱ᄒ니부뷔그남이아님을의달아ᄒ나녀ᄋ의식티비범홈을보고ᄉ랑ᄒ여일홈을쳥이라ᄒ고ᄌ룰몽션이라ᄒ여쟝즁보옥으로아더라쳥이졈졈자라삼셰됨애용뫼션연ᄒ고지질이긔이훈즁출던지희지극ᄒ나린리와쳔쳑이칭찬홈을마지아니ᄒ더니ᄒ진비리

심쳥젼

1

심쳥젼

눈고금샹싀라졍시홀연득병호여뭇참리셰샹을번리니공이크게비도호
여례를굿초와안장호고녀♡를품고쥬야슬허호며쳥이또훈모친을부르
지져호읍호니그부녀의졍경을춤아보지못홀너라공의가셰졈졈탕진호
며질병이침면호여샹셕을쩌나지못호눈즁또안질을엇어수월이못호여
지쳑을분변치못흠애싱계더욱망측호여약잔가산을진매호여죠셕을니
으니긔식이엄엄호지라쳥이졈졈자람애부천의쥬림을슬허호여동리로
둔니면셔빌어다가죠셕을공양호니그잔잉흠을져마다가련히녁여주기
를앗기지아니호더라일일은쳥이나가눗도록도라오지아니호거놀공이
빈도곱흐고수훈이협협호여막대를집고초리를살어싀비를의지호여기
드리다가길을차져졈나아갈시믄득실죡호여굴헝에싸져능히요동치
못호여졍히위급호더니훈로승이지느다가보고붓드러니리혀안치고문

왈 그듸 눈병신으로 듸 가다가 이리 낭패 ᄒ뇨 공이 통곡 왈 나는 본듸 폐밍

지인이러니 ᄌ식이 나가 도라오지 아니 흠애 스스로 바자 녀 히 염업시 나오

다 가 하마 죽게 되엿더니 그듸의 구ᄒ믈 닙으니 은혜태산ᄀᆺ도다 로승 왈쇼

승은 명월산운심동 개법당 화쥐 옵더니 츈가에 ᄂᆞ려 와시 쥬를 구ᄒ고 우연

히 이곳을 지내다가 가령감을 구ᄒ엿거니와 령감의 상 격을 본즉 지금은 궁곤

ᄒ나 소오년후면 왕후쟝샹이 될 것이오 일녀의 영화텬하에 웃듬이 되려니

와 목금에 대시쥬를 ᄒ면 일녀도 귀히 될 ᄯ 아니라 령감의 폐안이 ᄯᅳ이리이

다 공이 굴 ᄋᆞ듸 시쥬를 엇마나 ᄒᆞ고 로승 왈 개법당 시쥬는 공양미 가 데 일 이

니 빅미 삼빅셕 대시쥬를 ᄒ여야 ᄒ리이다 ᄒ거 놀 공이 권션에 빅미 삼빅셕

을 젹 으라 ᄒ고 도 라 올시 로승이 합쟝 ᄉᆞ례 ᄒ고 일후 다시 오리이다 ᄒ고 도

라 가니 라 공이 도 라 와 탄식 왈 내 폐밍ᄒᆞᆫ 사람으로 ᄒᆞᆫ 그릇 죽도 쥬션치 못ᄒ

심쳥젼

심쳥젼

여어린즈식이빌어다가연명ᄒ거놀엇지삼빅셕을엇어다가시쥬ᄒ리오
부쳐를속이면필경묘치못ᄒᆯ것이오부득히속이게되니후셰억만디옥을
면치못ᄒ리로다ᄒ고슬허ᄒ더니쳥이량식을빌어가지고와그부쳔의슬
허흠을보고문왈금일은셔편쟝쟈의집에가방아를찌어주고량식을엇어
옴애ᄌ연날이느졋거니와부쳔이더러듯슬허ᄒ심은도시쇼녀의셩회쳔
박흠이로쇼이다공이눈물을거두고골으ᄃᆡ요사이ᄌ연감챵ᄒ여팔ᄌ의
궁박흠을각골분흔흠애문을나네종젹을챵망ᄒ여가는바업시더ᄒ드머가
다가굴헝에ᄲ져거의죽게되엿더니여ᄎ화쥬승을맛나닐오ᄃᆡ내눈
못보기도젼싱죄오빌어먹기도젼싱죄니빅미삼빅셕을시쥬ᄒ면눈이ᄯᅳ
이고베일싱이대귀ᄒ리라ᄒ기로내든득져션지심이발ᄒ여삼빅셕을권
션에젹으라ᄒ고도라와싱각ᄒᆫ죽우리부녜일푼젼일흡미를쥬션ᄒᆯ길업

눈터에어듸가이런시쥬를ᄒ리오부쳐를속이게되엿스니장ᄎᆞᆽ큰앙해잇
슬지라이런고로슬허ᄒ노라쳥이쳥파에위로왈부쳔은슬허마르소셔경
셩이지극ᄒ면하ᄂᆞᆯ도늣기신다ᄒ오니부쳔의졍셩이여ᄎᆞᆼ샤시쥬코져
ᄒ심애부쳐의도으심이잇ᄉᆞ리니심녀를허비치말으쇼셔ᄒ고쥭시셕반
을긋초와권호대공이먹지아니ᄒ고다만길히탄식ᄒ여눈물이이음차니
쳥이민망히녁여고로온말ᄉᆞᆷ으로위로ᄒ여글ᄋᆞ되던되비록놉흐시나숨
히심이쇼쇼ᄒ시니부쳔졍셩을텬디일월이감동ᄒ실것임애과히번뇌치
말으쇼셔ᄒ고빅단위로ᄒ나진실로난쳐흔지라쳔ᄉᆞ만탁ᄒ다가ᄎᆞ야삼
경에목욕지계ᄒ고쓸혜나려자리를펴고하ᄂᆞᆯ을우러러빌어글ᄋᆞ되인간
심쳥은폐밀ᄒ안아비를위ᄒ여죽기를피치아니ᄒ느니이제아비감은눈을
ᄯᅳ이게발원ᄒ여부쳐씨시쥬ᄒ려ᄒ나삼빅셕빅미를엇을길업서도로혀

십쳥젼

심청전

부쳐를속인죄를밧게되엿스오니던디신명은숩히쇼셔ᄒ고밤새도록츅
원코방즁으로도라와능히잠을일우지못ᄒ고탄식ᄒ다가홀연조으더니
흔로승이나아와닐오디러일그더를사자ᄒ눈사롬이잇슬것이니팔니여
죽을곳을가도피치말라네효셩을하놀이감동ᄒ샤죽을곳에ᄌ연귀흔일
이잇스리라ᄒ고문득간디업거놀씨 드르니남가일몽이라심하에크게
이히녁여붓기를기ᄃ려스괴를숨히더니 추시남경샹괴물화를싯고ᄒ외
제국으로도니며환매흠애년년히대히를건널시류리국디방에인당쇼란
물이잇스니물가온디야채잇셔쇼고흔힝션은무폐ᄒ나보물과처단을만
허실은비는슈신씌사롬으로제흔연후에야무스히지나눈고로년년히게
집으희를사다가인당쇼에너코도는지라이쎄또마올마다도니는사롬
이잇셔외며도니거놀청이듯고깃거ᄒ여급히나아가문왈나굿흔으회라

도사려ᄒᆞᄂᆞ냐ᄒᆞ니기인이눈을들어보니그ᄋᆞ희긔샹이비범ᄒᆞ여량안은
효셩이붉앗스며쌍미ᄂᆞᆫ츈산을그린듯ᄒᆞ고쥬슌은단샤를ᄶᅵᆨ은듯놉흔귀
눈일월을밧드럿스며억개ᄂᆞᆫ제비굿고셰요눈갑으로묵근듯빅틱졀
승ᄒᆞ여일셰에희한흔미식이오복록이완젼흔샹이나의샹이남루ᄒᆞ여거
우살을ᄀᆞ리오고긔골이여위여헛흔록발사이로시름ᄒᆞᆫ눈용뫼쵸쵸ᄒᆞ여
계궁다람홰광풍을맛남굿고랑랑흔셩음이구쇼에셔어린봉이부르지지
눈듯ᄒᆞ니뎌궁향에셔싱장ᄒᆞ여벽쳐로분주ᄒᆞᄂᆞᆫ샹괴엇지이굿흔졀식귀
인을보앗스리오황망히졀ᄒᆞ여왈폐인은물화를민매ᄒᆞᄂᆞᆫ샹괴라계집ᄋᆞ
희로즁가로사다가인당쇼에가롱신쯰졔ᄒᆞ니인싱을살해흠이격불션이
나이ᄯᅩ흔싱애라이졔낭즈의부르심을듯고와셔용모를보니못참리골몰
흘긔샹이아닌지라무슴곡졀로팔ᄂᆡ려ᄒᆞ시ᄂᆞ뇨쳥이눈물을ᄲᅮ려글ᄋᆞ티

심쳥젼

七

심쳥젼

쳡의팔지긔구ᄒ여쵸여쵸ᄒ여셰월을보내다가갈ᄉ록명되험박ᄒ여부친이안폐ᄒ애인졋졍리에각골통샹ᄒ더니모월모일에로승이지나다가부친을보고닐으기를여쵸여쵸ᄒ니위친지도에슈화라도피치못ᄒ지라몸을팔아스디에림ᄒ지라도부친이다시일월을보시면내구원에도라가나즐거온귀신이될지니브라건댄빅미삼빅셕을주고사가라ᄒ니상괴쳥파에그졍시찰혹ᄒ고셩희지극ᄒ믈감복ᄒ여굴으디나는낭ᄌ를사거나아니사거나ᄒ려니와낭ᄌ의효심이지극ᄒ매인비목셕이라엇지감탄치아니ᄒ리오내임의로홀진댄삼빅셕빅미를그져주고간들무엇이앗가오리오마는이는여러동ᄉ의일이니맛당히도라가의론ᄒ여빅미를슈운ᄒ리라ᄒ거늘쳥이응락ᄒ고드러가부쳔을잠간속여굴으디건넌마을아무쟝쟤ᄌ식이업슴애미양나를ᄉ랑ᄒ여량식을후히주더니이졔쇼베그

쟝쟈에게삼빅셕빅미를밧고 몸을팔아시 쥬ᄒ게ᄒ엿스니 화쥬승이어ᄂ
때오마ᄒ더니 잇고ᄒ니 공이쳥파에 일변다ᄒ나 녀인놈의집에갈일을
싱각ᄒ매 가슴이터지ᄂ지라 이에 눈물을쑤려 왈네 말긋흘진댄 부쳐를속
이지아니케되니 십분다힝ᄒ거니와 네놈에게 즁가를밧고 몸을팔니 임애
일시도내집에 잇지못ᄒ리니 내홀로 누를밧라고 살나ᄂ는다 ᄒ며 읍ᄒ
ᄂ지라 쳥이 아즉 그부친을 속이나 잔담이 바아지ᄂ 듯ᄒ여 싱각ᄒ되 내사
라의식이 유죡ᄒ곳에 간다ᄒ되 더럿듯 슬허ᄒ시거든 내만일 죽을곳에간
다ᄒ면 필연 셰샹에 사라잇지 아니ᄒ리니 스싱량디에 이런불회어딘 잇스
리오 ᄒ며 눈물을 흘녀 하슈를보틱더라 이윽고 샹괴 빅미를 슈운ᄒ여 오ᄂ
지라 맛춤 화쥬승이 문밧게와 뵈옴을 쳥ᄒ거ᄂ 쳥이 샹고에게 밧은 빅미를
주니 화쥬승이 무수 치샤ᄒ고 빅미를 슈운ᄒ여 도라 간후쳥이 샹고다려 무

심쳥전

九

르되어 느날 나를 다려 가려 ᄒᆞᆫ 뇨 샹피 왈 츄칠월 초 삼일에 힝션ᄒᆞ려 ᄒᆞ노
라 ᄒᆞ고 도라 가니라 쳥이 고요히 안져 싱각ᄒᆞᆷ애 죽을 날이 불과 수삼일이라
다만 하ᄂᆞᆯ을 우러러 왈 이제 부친이 압흘 못보심애 내 잇셔도 반일을 나가 도
라 오지 못ᄒᆞ면 그 ᄉᆞ이 물 ᄒᆞᆫ 슐 ᄯᅥ 드릴 사ᄅᆞᆷ이 업셔 나를 기두리시거늘 내 죽
으면 우리 부친을 뉘 보호ᄒᆞ여 연명케 ᄒᆞ리오 반드시 날이 오래지 못ᄒᆞ여셔
주려 도라 감을 면치 못ᄒᆞ리니 이 망극ᄒᆞᆷ을 쟝춧 엇지 ᄒᆞ리오 ᄉᆞᆲᄒᆞ다 이제
셰샹을 알은지 열세 ᄒᆡ에 ᄌᆞ모의 얼골을 아지 못ᄒᆞ고 병신 부친을 우러러 셤
김애 빈부ᄅᆞ게 엇어 봉양치 못ᄒᆞ고 한셔에 의복을 ᄀᆞᆺ초 지 못ᄒᆞ여 옷에 눈 깃
이 업고 치마에 폭이 차지 못ᄒᆞ여 지내 되 오히려 이 일을 니져 ᄇᆞ리고 부친의
긔식이 엄엄ᄒᆞᆷ을 보고 쥬야 호읍ᄒᆞ여 동에 가 밥을 빌고 셔에 가 량식을 구ᄒᆞ
여 힝실과 렴치를 도라 보지 아니ᄒᆞ다가 이제 부친을 ᄇᆞ리고 내 ᄯᅩᄒᆞᆫ ᄉᆞ디로

나아가니 늣기온혼빅이운쇼에 빗겨모쳔을붓드러울며 치못ᄒ리로다 ᄒ고 이곳치싱각ᄒ매 가슴이뮈여지고 구곡이사라지는듯ᄒ여 그날붓허 부즈런히 빌어량식을 모호고 닉은음식을자로 부쳔ᄭᅦ권ᄒ더라 어언지간 에 샹고의뎡ᄒᆞᆫ날이 다다른지라 쳥이 죵시 부쳔을속이지못ᄒᆞᆯ줄 혜아리고 이에부쳘슬하에 나아가 업듸여 인인히 통곡ᄒ니 공이 놀나 급히 연고를무 른대 쳥이셜음이 흉격에 싸히여 능히 말을 일우지못ᄒ는지라 공이 ᄯᅩᄒᆞᆫ 통 곡ᄒ며 녀아를어로 문져 그 슬허ᄒ는 연고를 뭇거눌 쳥이 겨우 졍신을 슈습 ᄒ여 글ㅇ듸 즈음긔 미삼빅셕이 동리쟝쟈의 것이 아니라 여츠여츠상 고에 게 몸을 팔녀 엇엇더니 이제 다리러 왓ᄂᆞᆫ지라 당초쇼녜 바로 고치못ᄒᆞᆷ 은 그사이 부쳔심ᄉᆞ를살오실가 념려ᄒᆞᆷ이러니 금일은 하직을 당ᄒ와 쳔고 영결이옴애 진졍을 고ᄒᆞ옵ᄂᆞ니 슯흐다 우리부녀의 졍리ᄂᆞᆫ 남에게셔 십빅

심쳥젼

나더흠이잇는지라부쳔이어미업는쇼녀를양휵ᄒ심과 쇼네겨우셰샹을
알매부쳔이안폐ᄒ시고 가계령락ᄒ여능히 구복을 치오지못ᄒ오니우리
부녀굿흔인싱이업는지라 이제ᄯ병부를 비리고슈중원귀되옴을 감심ᄒ
오니망극흔심회를 엇지측량ᄒ리오ᄒ며실셩통읍ᄒ거놀공이쳥파에믄
득대셩통곡왈내오 희야이말이어인말이냐부쳐를속이고억만번디옥에
드러쳔만년환도 치못흔들네엇지 참아이런의 스를 내여나를 급히죽게ᄒ
눈다네잇서 도셜은일이 만커놀하 믈며 나혼자누를 지ᄒ여살나ᄒ 노
다만너를조차흠ᄭᅦ죽으리라ᄒ고 몸을부듸즈며방셩대곡ᄒ니동리사람
이쳥의부녜졸연히통곡운졀흠을 보고그곡졀을무러알고더마다참연히
녀여글오디손순의오희를무듬과루빅의범을 침이쳔고에류젼ᄒ엿스나
츌련대회 오히려그몸을죽을곳에팔녀그아비원을일웟단말은듯지못ᄒ

옛느니십삼셰으녀주의 효셩과의 과눈고 인이밋츨배아 나니 가련타심쳥
이 칠팔셰붓허 가궁훈 고싱이 주심흠애 우리 미양부귀빈쳔이고 로지못홈
을탄식 ᄒ 더니 이제 슈즁원귀됨을면치못홀줄엇지 씃ᄒ여스리오홍고쳥
을위ᄒ여슬히ᄒ 는재 만터라 이에쳥이눈물을거두고 좌우런리남녀에게
면면지비ᄒ며 잉걸왈로쟝과파는 주비지심을 드리워우리병쳔을구졔
ᄒ여 놈은세월을연명ᄒ여보젼케ᄒ 시면쳡이구쳔에 도라가나 당당히회
산에줄을미고 슈호의 구슬을먹음어은덕을갑흐리이다 ᄒ 니 제인이심즁
에쳑연ᄒ여심쳥을븟들고 위로왈 네닐으지아니ᄒ나그 ᄃ 효셩을닉이탄
복ᄒ 는 바니 당당히너 를싱 각ᄒ여 너의부쳔을각별보호ᄒ 리니 념려말고
너는임의 스 디로나아가니 모로미죽 어후싱에 나부 ᄃ 흔집 주식이되여금
셰과보를갑흐라 ᄒ고 혹 ᄯ 닐오 ᄃ 쳥쳔이지공무 스ᄒ 시니혈마심삼쳥년

심쳥전

一三

심쳥젼

으로ᄒᆞ여곰슈즁원혼이되게ᄒᆞ리오 반ᄃᆞ시 징험홈이잇스리라ᄒᆞ니쳥이
활인홈을 이걸ᄒᆞ고 상고에게ᄒᆞ로 만더 빌녀부녀의 미진ᄒᆞ정을 ᄒᆞᆫ업시 풀
고 감을 간쳥ᄒᆞᆫ딕 상괴 ᄯᅩᄒᆞᆫ 그 츌련셩효를 탄복ᄒᆞ고 졍셰를 참혹히 녁여
수일을 더머믈나 ᄒᆞ고 도라가니 심공은 통곡긔졀ᄒᆞ며 다만 흠씨가 자ᄒᆞᄂᆞᆫ
소리를 맛치지 아니 ᄒᆞ더라 이러구러 수일이지 남애 상괴 ᄯᅩ와 빅미 오십셕
을 더주어왈 낭ᄌᆞ의위 쳔대 효를 우리 등이 감동ᄒᆞ여 오십셕을 더 주ᄂᆞ니 낭
ᄌᆞ부쳔의 삼ᄉᆞ년량식을 ᄒᆞ게 ᄒᆞ라 ᄒᆞ고 한가지로 가기를 쳥ᄒᆞ거놀 쳥이 빅
비 샤례ᄒᆞ고 량미를 가져 동리 근신 ᄒᆞᆫ집에 맛겨 신신부탁 ᄒᆞ고 모 쳔 소묘에
드러가 하직 홀ᄉᆡ 의원혼곡셩이 구쇼에 ᄉᆞ못ᄎᆞ니 만일 졍시 유령이 알음이
잇실진댄 엇지 늣기지 아니 ᄒᆞ리오 쳥이 십분 강잉 ᄒᆞ여 부 쳔씨하 직 홈애 부
네 얼골을 다 히 고 통곡 긔졀 ᄒᆞ다 가 이윽고 쳥이 졍신을 슈습 ᄒᆞ여부 쳔 손을

一四

어로문져굴으되부친은불효녀를당초에업는양으로알으샤성려의거릿
김이업게호시고아즉량식은구쳐호엿스니이후리틱만슈무강호쇼셔금
셰에눈다시뵈옵지못호려니와후셰에맛당히부지되여금셰의늣겨온륜
긔를펼을원호느이다호고쳔만련련호다가몸을니러서니공이녀으룰붓
들고돈족동곡왈네나를뉘게의지호라호고어듸로가려호는뇨호니쳥이
만단위로호고인호여직흐후집문을나니졍신이아득호여거름마다업
더짐을면치못호니목셕잔쟝이라도그형샹을볼진댄슯흠을금치못홀너
라공이잔신이더듬어나가가슴을두드리며발을구을너동곡호여왈쳥아
쳥아나를춤아부리고어듸로가느냐호니그경샹을이로형언치못홀지라
쳥이소이지초흠애홀길업셔쳔만셜음을품고그부친을도라보며나아감
애흐거름에열번식업더지는지라집마다사룸이문에나와쳥의가는길을

심쳥젼

一五

심쳥젼

보라고길이탄식ᄒᆞ여셔로닐오디출텬지회라더런일은쳔만고에업슨일
을금일에보도다ᄒᆞ더라쳥이겨우힝ᄒᆞ여인당쇼에다다르니이ᄯᅢ모든샹
괴제물을버리고시각이느져감을민망히녁여고디ᄒᆞ다가쳥의옴을보고
밧비들나ᄒᆞ거놀쳥이망극ᄒᆞ나홀일업는지라하늘을우러러통곡ᄒᆞ고
시스방을향ᄒᆞ여표빙왈인간병인심현의ᄯᆞᆯ쳥이삼셰에어미를여회고압
못보는아비를빌어먹여연명ᄒᆞ더니부쳐씌시쥬ᄒᆞ면아비눈이ᄯᅳ이리라
흠애몸을팔녀이물에빠져죽ᄉᆞ오니죽기는셟지아니ᄒᆞ오나병신아비를
오날붓허ᄒᆞ술물이라도봉양ᄒᆞ리업ᄉᆞ오니반ᄃᆞ시죽는녀ᄋᆞ를ᄉᆡᆼ각ᄒᆞ여
인병치ᄉᆞᄒᆞ리니ᄉᆞ후시신을거두어션영에영장ᄒᆞ길이업는지라사름의
ᄌᆞ식이되여부모의ᄉᆡᆼ육지은을갑지못ᄒᆞ고아비를ᄉᆡᆼ리ᄉᆞ별ᄒᆞ고몬져죽
어부모유톄로써만경창파에더져어복을치오니텬디간에이굿흔불회어

틱잇스리오유유창텬과명명신기는숨히쇼셔ᄒᆞ고빌기를뭇친후물을구
버보니푸르물결은하늘에다핫는듸비풍은쇼쇼히러나고수운은막막
히둘은즁의ᄂᆡ셩은가는녁을지쵹ᄒᆞ니슱흐고참잔ᄒᆞ도다이에쳥이부친
을세번불너통곡ᄒᆞ며두손으로낫츨ᄀᆞ리오고몸을눌녀물에뛰여드나모
든상괴그경상을보고못ᄂᆞ슬허ᄒᆞ더라이째쳥이물에떠러지며가라안지
아니ᄒᆞ고이윽히떠가더니믄득향풍이니러ᄂᆞ며서양머리흔션네일엽션
을틋고옥뎌를불며ᄂᆞ는다시쩌오더니쳥을붓들어비에올니고져즌옷을
벗기며흔벌신의를밧고와닙히고옥호에셔회싱약을ᄯᅡ라먹이니이윽ᄒᆞ
여쳥이눈을ᄯᅥ보니조긔일신이편흔곳에누엇고보지못ᄒᆞ던두쳐의션네
좌우에안져슈쥭을쥬무르ᄂᆞ지라쳥이혼혼즁ᄂᆞ급히러안져손을들
얼샤례왈렬위션낭은뉘시완듸물에ᄲᅡ져죽은사람을구ᄒᆞ시ᄂᆞ뇨ᄒᆞ며이

십쳥젼

一七

러룻말을 ᄒᆞ나 오히려 졍신이 아득ᄒᆞ여 소리를 일우지 못ᄒᆞ는지라 션녜 답 왈 아등은 동히 룡왕의 시녜러니 부인을 뫼셔 오라 ᄒᆞ심애 시각이 더듸여 하 마 부인이 부셔 진옥과 ᄯᅥ러진 꼿을 면치 못ᄒᆞ실낫다 ᄒᆞ시다 시 졍신을 수습 ᄒᆞ여 왈 나는 인간의 쳔인이어 늘 룡왕이 러룻 권념ᄒᆞ시니 지극 황감ᄒᆞ여 이다 션녜 왈 부인의 고힝도 하ᄂᆞᆯ의 졍ᄒᆞ신 배오 이제 룡왕이 쳥ᄒᆞ심도 ᄯᅩ ᄒᆞᆫ 텬쉬오 니 가시면 ᄌᆞ연 알으시리이다 ᄒᆞ고 빅를 져어 가며 옥뎌를 불며 션가 를 화답ᄒᆞ니 쳥의 ᄆᆞ음이 상연ᄒᆞ고 몸이 ᄂᆞᆯ 듯 ᄒᆞ여 슌식간에 ᄒᆞᆫ 곳에 다ᄃᆞ르 니 쥬궁패궐이 운외에 표묘ᄒᆞ고 큰 문에 금ᄌᆞ로 현판을 샤엿스되 동히룡궁 이라 ᄒᆞ엿더라 션녜 빅를 문하에 다히고 ᄂᆞ리기를 쳥ᄒᆞ거ᄂᆞᆯ 쳥이 몸을 ᄂᆞ려 ᄂᆞ리니 안흐로셔 슈의 홍샹 ᄒᆞᆫ 시녜 ᄡᅡᆼ ᄡᅡᆼ이 나오며 황금뎡을 나아와 글으되 낭ᄌᆞ는 이 뎡에 오르쇼셔 ᄒᆞ거ᄂᆞᆯ 쳥이 ᄉᆞ양 왈 나는 인간 쳔인이라 엇지 이룰

들리오션네 왈부인이 인간에셔 눈때를 못맛나 궁곤ᄒᆞ시나 우리 슈부에는
극히 귀ᄒᆞ신 몸이오 이뎡이 ᄯᅩᄒᆞᆫ 젼일 듯시던 것이라 ᄉᆞ양치 말으시고 밧비
올나 대왕의 기드리심을 싱각ᄒᆞ쇼셔 쳥이 져삼 ᄉᆞ양ᄒᆞ다가 마지 못ᄒᆞ여 오
르모든 시베옹위ᄒᆞ여 온갓 풍류를 다 알외며 륙룡이 뎡을 메여 가니 장려
ᄒᆞ위의 진실로 신션의 풍ᄎᆔ러라 여러 문을 지내면 하에 다다르니 옥란은 찬
란ᄒᆞ고 쥬렴은 현황ᄒᆞᆫ 곳에 샹운은 이읠ᄒᆞ고 셔무는 몽몽ᄒᆞ니 도로 혀 졍신
이 미란ᄒᆞ고 의식 당황ᄒᆞ지라 ᄒᆞᆫ 쌍 시베 나아와 낭ᄌᆞ를 붓드러 샹에 올녀
북녁교의 를 ᄭᅳᆯ쳐 비례ᄒᆞ라 ᄒᆞ거ᄂᆞᆯ 낭ᄌᆞ 우러러 보니 황금교의에 일위 왕
지 룡뎐관을 쓰고 쳥사 관룡포를 닙엇스며 양지 빅옥디를 ᄯᅴ고 벽옥홀을 쥐
여 은연히 안져 거위 찬란ᄒᆞ고 좌우 시신이 봉미션을 들엇스니 위의 엄슉ᄒᆞ
더라 쳥이 나아가 공경지 비ᄒᆞ니 룡왕이 흠신 왈 규셩아 인간 ᄌᆞ미 엇더 ᄒᆞ더

심쳥젼   一九

심청전

뇨쳥이다시공경비복왈 쇼쳡은인간쳔인이라디왕의하교ᄒ섬을세듯지
못ᄒ리로소이다 룡왕이미쇼왈녀눈 젼싱동히룡왕의귀녀로셔요지왕모
연에슐을가음알게ᄒ엿더니베로군셩과 소졍이잇셔슐을만히먹이고잔
치에슐이부죡홈애 도솔텬이옥데쎠쳥죄ᄒ대옥진노ᄒ샤굴으샤디이
논텬존의죄아니라슐가음아는시녀의죄니ᄌ셰히사실ᄒ여즁죄물주라
ᄒ심애로군셩을인간에내쳐스십년을무폐히지내다가널로더브러부베
되여네셩효물나타내라ᄒ심애 로군셩은심현이되여인간에젹강혼지 소
십년만에널로써그쌀이되여텬샹에셔슐도젹ᄒ여먹은죄로식신을뎜지
아니ᄒ여십삼년을빌어먹게ᄒ고 쏘눈을멀게ᄒ며규셩의빌어먹이는
것을밧아셔던샹과보ᄅ게ᄒ여계시니젼싱보응과금싱고락이다뎡
ᄒ혼쉬나옥메오히려노ᄅ풀지아니ᄒ시더니뎐하졔션과소히룡왕이며

오악산신계 불제 턴을 모화 됴회를 밧을 시셕 가셰 존이 옥뎨 씌 주왈 로군셩 이인간고힝을 ᄌ심히 겨ᄂᆞᆫ 즁임의 지쳑을 분변치 못ᄒᆞ 연지 팔구년이니 족 히 쇽죄ᄒᆞ 엿슬 것이오 규셩이 던명을 어긔온 죄비경ᄒᆞ오나 인간에 ᄂᆞ려가 유아로븟허 고초ᄒᆞ여 동셔개걸ᄒᆞ여 로군을 봉양ᄒᆞ여 효셩이 던디에 ᄀᆞ득 ᄒᆞ니 젼싱 죄를 가히 쇽ᄒᆞᆯ염즉 ᄒᆞ거놀 다시 제 몸을 죽을 곳에 팔녀 아비를 위 ᄒᆞ 정셩이 과연 긔특ᄒᆞ 기로 신이데 ᄌ를 보ᄂᆡ여 그 ᄆᆞ 옴을 시험 ᄒᆞ온 즉 그 부 녀의 힝실 혈심 쇼지로 지극ᄒᆞ오니 흔갓 젼싱최 만다 ᄉᆞ리고 금싱 효의 롤 포 장치 아니 ᄒᆞ옴이 던 죠의 공졍 흔쳐 분이 아나 옵고 그 졍경이 참옥ᄒᆞ옴에 폐 하는 우로지 퇴을 ᄂᆞ리오 샤 션불션을 명명히 분간ᄒᆞ쇼셔 흔 대 옥뎨 그 말숨 을 조ᄎᆞ샤 즉시 남두셩을 복록을 뎜지ᄒᆞ고 북두셩으로 ᄒᆞ여 곰 명과 ᄌ손을 뎜지ᄒᆞ라 ᄒᆞ시니 남두셩이 주왈 규셩이 본ᄃᆡ 동히 룡왕의 귀흔ᄯᅡᆯ로

심쳥젼

심쳥젼

셔인간에젹강ᄒᆞ여효의츌텬ᄒᆞ오니민가의가모됨이불가ᄒᆞ옴에가히류
리국왕휘되여평ᄉᆡᆼ왕락을누리게뎜지ᄒᆞ니다ᄒᆞ니옥뎨허ᄒᆞ시고북두
셩이ᄯᅩ주왈남두셩이규셩을극진히뎜지ᄒᆞ엿스니신은로군셩으로공회
되여늣게나하셩을맛나남녀를싱ᄒᆞ여부귀복록이일셰에읏듬이되게ᄒᆞ
고슈눈칠십오셰에도로넷벼슬로도라오게ᄒᆞ고규셩은삼ᄌᆞ이녀를두고
칠십삼셰에도로동히로도라오게ᄒᆞᄂᆞ이다ᄒᆞ니옥뎨윤허ᄒᆞ시기로
내ᄯᅩ쳥쥬ᄒᆞ되규셩의죄를샤ᄒᆞ시니신이ᄯᅩ흔더로브러젼ᄉᆡᆼ부녀지졍
이잇숩눈지라수일후면규셩이인당쇼에셔명을ᄆᆞᆫ칠지라그위급ᄒᆞᆷ을아
니구치못ᄒᆞ리니맛당히구ᄒᆞ여일야를머물너인간으로보내여지이다ᄒᆞ
즉옥뎨허ᄒᆞ심애너를다려왓나니금야에머므러부녀지졍을니어즐기다
가명일에도라가라ᄒᆞ거늘쳥이이말을드름애젼후지낸일이다졍ᄒᆞᆫ쥴

二三

알고 더욱 슬허ㅎ여 복디 주왈 셩교를 듯샤 오니 신쳡의 젼셩 죄악이 관영홈
이올소온지라 슈원슈귀리으마는 지난바 고ㅎ과 목금 병신 아비 주리눈일
과 슬허ㅎ여 죽을 일을 싱각ㅎ온즉 간장이 뮈여지는 듯ㅎ여 이다 룡왕왈이
졔는 너의 고ㅎ이다 진ㅎ고 초후 무궁훈 복록을 누리리니 슬허 말나ㅎ고 시
녀를 명ㅎ여 다과를 나와 먹이라 ㅎ니 이윽고 시녜 조지반에 차를 노하 나오
니 빅옥죵에 안기 굿ㅎ다 와 대초 굿ㅎ과 실이라 쳥이 밧아 먹음애 졍신이 씌
씌ㅎ여 젼셰 일이 력력훈지라 부왕의 룡안을 새로히 반기며 좌우 시녜 다 젼
셰 조긔의 압혜셔 수후ㅎ던 무리니 또훈 반김을 마지 아니ㅎ고 본딕 쳔일쥬
를 가음아 던 바로 로군을 불샹히 녁여 술을 도젹ㅎ여 먹이던 일이어 제 굿ㅎ
니 새로히 슯흠을 이긔지 못ㅎ여 부인을 우러러 락루왈 쇼녜 인간에셔 고초
를 겻던 일을 싱각ㅎ옴애 무음이 놀나 온지라 이제 임의 이에 드러 왓소오니

심쳥젼

二三

십청전

도로나가지말고 이곳에머물기를원ᄒᆞᄂᆞᆫ이다부인왈너는슬허말라이제
다시인간에나가면전일고초는일쟝츈몽이되리니엇지더명읕어리리오
ᄒᆞ고시녀를명ᄒᆞ여쳥을후원별당으로인도ᄒᆞ여편히쉬게ᄒᆞ라ᄒᆞ니쳥이
시녀를조차별당에니르니당즁에버린것이다전일보던배러라이때심현
이반싱반ᄉᆞ즁에녀의문을나아모곳으로가는모양이나보고져ᄒᆞ나눈이
감겻슴애엇지능히보리오다만가ᄉᆞᆷ을두드려동곡ᄒᆞ다가믄득괴졀ᄒᆞ여
인ᄉᆞ를ᄎᆞ리지못ᄒᆞ거놀둥리사람들이그경상을참혹히녀여붓들어슈죽
을주물너더운물을흘녀구호ᄒᆞ니이윽고졍신을ᄎᆞ려손으로벽을쳐통곡
왈가련ᄒᆞᆯ샤내ᄯᆞᆯ이여삼셰에어미를일코혈혈ᄒᆞᆫ강보치위어미를부르지
져울졔이병인의무옴이엇더ᄒᆞ리오마는목숨이지완ᄒᆞ여죽지아니ᄒᆞ는눈
즁더욱안페ᄒᆞᆫ병신이되여지쳑을불분ᄒᆞ고가산아탕진ᄒᆞ여ᄒᆞ로ᄒᆞᆫ때를

엇어먹지못홈애녀의한셰를혜지아니ᄒ고빌어다가날로ᄒ여곰잠시도
곱ᄒ지아니케ᄒ더니이졔아비를위ᄒ여이럿틋되엿스니졍셩은지극
ᄒ나엇지살기를브라리오유유창텬아가셰빈곤커든눈이나셩ᄒ거나눈
을보지못ᄒ거든가산이유여ᄒ거나데엇지일를그디도록살오며죽을곳
에나아갓스리오슯흐다즈식이병들어죽어도참혹ᄒ거든나는쟝병의셩
혼즈식을목젼에비명원ᄉ케ᄒ니가스련디신명씌오셔외오녁이지아니
ᄒ샤눈이씌인들엇지홀로살아이셜음을춤고견디리오ᄒ며이러틋쥬야
로쳥을불너동곡ᄒ니동리사람이그우는소리에능히견듸여잠을일우지
못ᄒ더라현이불게쥬야고홀로의동ᄒ다가스스로위로ᄒ여더듬어보
니쳥의빌어모든량식이오두로더듬어보니무른육찬파뉵은음식이그릇
슴다담겻거놀믄지이눈죽죽흥격이막히이고잔쟝이록눈듯ᄒ여아모리

심쳥젼

二五

심쳥젼

슯흠을갓잉코져ᄒ나 늘히엇지못할지라다시곰녀ᄋ를부르지져왈불샹
ᄒ다너 눈병신아비를이갓치먹여살니고져ᄒ엿거놀나 눈너를죽을곳에
보내고 태연ᄒ니이엇지인졍이라 ᄒ리오ᄒ며쥬야호읍으로셰월를보내
니이쌔임의가 을이진ᄒ고겨을이당ᄒ지라셜풍이쇼슬ᄒ여사름의ᄲᅧ를
침노ᄒ고격막훈 빈집에인젹이막연ᄒ애다만싱각ᄒ 눈배쳥이라형용이
쵸췌ᄒ여형히만ᄂᆞᆷ앗거 놀빅미오십셕을 맛혼집이본듸유여ᄒ고부부로
인만잇셔텬셩이 ᄯᅩ혼양슌ᄒ여 젹션ᄒ기를슝샹ᄒ 눈고로쳥이잇슬 때에
도잔잔조급ᄒ기를앗기지아니 ᄒᆞᆷ애쳥이각골감은ᄒ더니빅미를 맛기고
간후더욱가련히녁여식음범졀을극진히디후ᄒ여졍셩으로공궤ᄒ고 남
글뷔여다가방을덥게ᄒ여군졀히구호ᄒ니현의ᄆᆞᄋᆞᆷ에이런병인이 ᄂᆞᆷ에
게신셰만지고살아잇셔평싱고싱ᄒᆞᆯ일을싱각ᄒ고죽고십으나녕ᄒᆞᆫ명

이길매 능히 여의치 못ᄒ여 이러구러 명녀 초츄를 당ᄒ니 졍히 쳥의 죽으라
가던 돌이다다랏는지라 츄풍이 쳐량ᄒ여 남으로 가는 기러이 무리 찻는 소
릭를 산코 벽간에 는 구뚜람이 소릭도 도ᄒ여 간신히 빌어 든 잠을 놀내니
현이 더욱 ᄒᆫ 잠을 일우지 못ᄒ여 오를 부르지져 우는 소릭 참연ᄒ더라 챠
셜 심쳥이 룡궁에셔 일야를 지내고 너러 남애 젼싱 일은 다 니져 ᄇ리고 다만
어셔 나가 부쳐을 다시 보고져 ᄆ음이 군졀ᄒ여 아모리 ᄒᆯ 줄 모르더니 문득
시녜 드러와 룡왕의 말슴으로 부르거늘 쳥이 샐니 응명ᄒ니 룡왕이 닐오되
옥뎨쎄 일야 말믜를 엇어 ᄒᆫ 가지로 지내여 피츠 졍회를 펴니 만분다 힝ᄒ나
다시 ᄯ 남이 챵연ᄒ거니 와 마지 못ᄒᆯ 길이니 인간 으로 도로 가라 ᄒ고 좌
우를 명ᄒ여 덩을 틱여 보내라 ᄒᆫ대 시녜 승명ᄒ여 쳥을 덩에 올녀 나오다가
슈변에다다 일엽 쥬를 틱와 흘니 져어 ᄒᆫ 곳에다다 션녜 하직 왈 이 곳은

심쳥젼

二七

심쳥젼

당초에부인의싸지던곳임애이에머므르고가노라ᄒ고믄득간듸업스며
련녑쥐변ᄒ여큰섯송이되나그속이족히일신을용납ᄒ지라화엽이텹텹
ᄒ여ᄀ장괴이ᄒ거놀낭지흘일업셔동다히로브라샤례ᄒ고목이므르번
셧닙혜구으논이슬을먹은즉빈부르고정신이상쾌ᄒ나이물은감로쉬라
인간사름이ᄒ번곳먹으면빅병기스스로업서지니엇지긔특ᄒᆫ보빅의물
이아니리오이쌔낭즈를사다가물에넛코갓던샹괴물화를미매ᄒ여가지
고도라오다가인당쇼에니르러새로히차탄왈우리거년에심가녀즈를사
다가이물에너코가며소망이만하일힝이무스히도라오니그녀즈의츅슈
ᄒ던말을싱각ᄒ매불샹코잔잉ᄒ도다ᄒ며서로말ᄒ여풍류ᄒ고오더니
믄득보니물우헤오쉭쳐운이어리고난듸업논큰소반만ᄒᆫ섯송이ᄒ나히
물에쩌든니니광치찬란ᄒ여본바처음이라샹고등이고이녁여닐오듸아

二八

동이여러히룰둔니되쏫은커니와나모닙도보지못ᄒ녀니이꼿이이러틋
비샹ᄒ니필경그녀ᄌ원혼으로쏫이되여죽던곳을ᄯ나지아님이로다맛
당히가져다가진샹ᄒ리라ᄒ고그꼿을건져옥분에담아다가진샹ᄒ니국
왕이그쏫을보고대희ᄒ여샹고룰즁샹ᄒ후일등쟝식을불녀오식쟝을수
며그쏫을쟝속에너허침뎐갓가이두고죠회룰파ᄒ면그쟝압헤안져ᄉ랑
흠애향취옹비ᄒ고오식치운이어리엿스니그속을ᄌ셰보지못ᄒ나화염
이날노찬란ᄒ여님군을듸ᄒ죽의연히웃눈듯ᄒ니국왕이일시룰ᄯ나지
아니ᄒ더라초시심쳥이꼿속에몸을곰초고감로슈로연명ᄒ여간간하ᄉ
룸업눈쌔눈쟝밧게나와두로구경ᄒ다가사룸의ᄌ최잇스면쏫속에숨으
니능히알ᄌ업더라초ᄉ국왕이졍궁으로더브러불화ᄒ여죠회곳파ᄒ면
쏫쟝으로향ᄒ여ᄉ랑흠이죠셕에더ᄒ더나불힝ᄒ여왕비득병ᄒ여빅약

이무효흥여믓침리 승하흥시니례로써 션릉에 안장흥고 공제를뭇치친후졔
신이주왈국가의뇌 던을일시도뷔오지못흘지니복원던하는현문덕가의
슉녀를간틱흥샤만민의 브라는바를져 브리지말으쇼셔왕이주스를듯고
골으딕왕후를가히일시도업지못흘지니라아모리현쳘흔슉녀를구흥나
혹여의치못흥면일국의실망임애죠져흥느니경등은아직물너스라흥니
졔신이퇴죠흥거놀왕이인흥여련화장압흐로나아가니믄득향취진동흥
며일위션아굿흔미인이급히장속으로드러가거놀왕이대경흥여셜니나
아가장문을열고보니젼일은최운이바익더니금일은최운이거치고곳은
잔듸업고다만쳐의홍샹흔결딕가인이잇스되년긔십삼스는흥고윤틱흔
긔부와비범흔긔질이진졋경국지식이라왕이대경대희흥여직삼숙시흥
니흔갓싁틱비샹흘분아니라덕힝이외모에낫타나고복록의긔샹이완젼

ᄒᆞ여 진짓 쳔승군왕의 졍비오 만셩인민의 국모지상이라 왕이 황홀난측ᄒᆞ여 슉시량구에 왈 네 신션이냐 귀신이냐 엇지 ᄯᅡᆺ 속에 숨어 감히 군왕을 희롱ᄒᆞ 눈다 그 미인이 수식을 ᄯᅴ여 공경 듸 왈 쳡은 신션도 아니오 귀신도 아니라 과 연 인간녀ᄌᆞ로셔 공교히 션도의 조화로 ᄒᆞ여 곰 몸이 ᄯᅡᆺ 속에 곰초여 이런 즘 디에 드러와 뎐하 안젼에 현황케 ᄒᆞ오니 죄당만시니이다 ᄒᆞ거ᄂᆞᆯ 왕이 더욱 경괴ᄒᆞ여 그 말을 인ᄒᆞ여 그 근본을 ᄌᆞ셰 뭇고 져 ᄒᆞ더니 홀연 쇼황문이 주왈 삼공뉵경이 쳥듸ᄒᆞᄂᆞ이다 ᄒᆞ거ᄂᆞᆯ 왕이 필유ᄉᆞ고 흠을 짐작ᄒᆞ고 즉시 인뎌 뎐에 뎐좌ᄒᆞ고 졔신을 인견ᄒᆞ실ᄉᆡ 태ᄉᆞ 관이 주ᄒᆞ되 신이 작야에 뎐긔를 ᄉᆞᆲ 히온즉 규셩이 궐즁에 비최여 졍긔 당당 ᄒᆞ옵고 ᄌᆞ미셩의 긔운이 발양ᄒᆞ오 니 반ᄃᆞ시 국모되실 녀지 궐ᄂᆡ에 머므럿 고 왕휘 승후 ᄒᆞ심 애 대군이 나 실 징 죄오니 신이 국가 흥복을 하례ᄒᆞᄂᆞ이다 ᄒᆞ고 승샹 울뎡이 ᄯᅩ 주왈 신이 ᄯᅩ ᄒᆞᆯ

심쳥젼

三一

요사이던문을보온즉밤마다셔긔두우를두루오니던하는비빙즁의지덕
잇는쟈를가리혀졍궁으로승품ㅎ여싱민의옹망흠을져브리지마읍쇼셔
ㅎ거눌왕이드듸여화즁ㅅ를셜파ㅎ고그녀ㅈ의용모지덕을닐으니졔신
이과히녁여쳔셰를불너진하ㅎ고황도길일을튁ㅎ여샐니셩례ㅎ기를주
흔대왕이윤허ㅎ고흠텬감으로ㅎ여곰튁일ㅎ니겨우일망이격ㅎ엿는지
라왕이하교왈왕비쳥졍이업스니당연히별궁으로뫼셔혼례를지내되범
구를니의로모도쥰비ㅎ게ㅎ라ㅎ니졔신이응명ㅎ고물녀나각스로ㅎ여
곰혼구를ㅊ려되후홀시길일이임의다다름애심쇼져를별궁으로뫼셔수
쳔궁녜옹위ㅎ여응장셩식으로장수ㅎ기를못침애시각에밋쳐눈왕이륙
례를굿초와별궁에나아가던디쇠홍안을젼ㅎ고왕비를봉련에올녀빅량
우귀ㅎ여렬니로도라와영향뎐에셔합환교비홀시왕이룡안을들어심후

물보니 머리에 쌍봉구화관의 열두줄며 류는 달굿혼니 마에어리씨고 봉익
의 일월촉금삼은 일식을 그리오고 셰요의 진홍월라 샹을 치운이어린듯ᄒ
며 일신에 꿈인보해아니 가즌거시 업서셔 긔를다토와 토ᄒ고 오ᄎ쳐령룡찬
란ᄒ니 빗눈장속으로 조ᄎ일월굿혼 광염이 더욱 쇄락ᄒ여 된긔질과고
은 용뫼 엇지 못속에 쇼쇼ᄒ던바에 비ᄒ리오 왕이 황홀긔이ᄒ여 름딕ᄒ 는
졍이 태산이 늣고 하히 엿ᄒ 듯ᄒ니 엇지일계의 범범 ᄒ 부부의 금슬로 비ᄒ
여의론 ᄒ리오 이러 홈 으로 왕이 일시 써남을 아쳐 ᄒ여 외뎐에 나지 아니 ᄒ
지여 러날이 됨애 만죠 문뮈 됴회를 등딕ᄒ엿다 가는 즈면스스로 물너나고
륙 궁비빙 과 삼쳔 궁녜 죠알홈을 기다리다 가무미 히 퇴ᄒ니 왕휘자 못민망
히 너 여 일 은 왕씌 간ᄒ여 글 오딕 신쳡이 본딕 미쳔혼 문호에 싱장ᄒ여 셔
졍을 아지 못ᄒ거든 더욱 국가경톄를 엇지 말솜ᄒ리잇고 마논 던은 이 망극

십쳥젼

一二二

심쳥젼

ᄒᆞ와 쳔ᄒᆞᆫ몸이 지존ᄒᆞᆫ위를 외람히 당ᄒᆞ오니 쥬야공구ᄒᆞ와 동동촉촉ᄒᆞ옵
ᄂᆞᆫ바로 엇지 젼하의 과실을 보옵고 극간치 아니ᄒᆞ리잇고 쳡은듯샤오니 님
군이 일을 졍ᄉᆞ를 아니ᄒᆞ며 빅셩이 일년 원민ᄒᆞᆫ일이 잇고 빅셩이 열복지
아니ᄒᆞ면 님군이 무덕ᄒᆞᆷ으로 닐것ᄂᆞᆫ다ᄒᆞ옵거놀 이제 뎐해 무단히 여러날
졍ᄉᆞ를 폐ᄒᆞ시니 죠뎡이 쟝ᄎᆞᆺ 뎐하로써 엇더ᄒᆞᆫ 님군이라 ᄒᆞ리잇고 ᄯᅩ
왕지부인에게 침혹ᄒᆞ여 나라흘 보젼ᄒᆞᄂᆞᆫ 재업소오니 뎐하ᄂᆞᆫ 고인의 힝ᄉᆞ
로써 거울을 삼으샤 덕을 닥가 후인의 시비를 취치 말으쇼셔 ᄒᆞ거놀 왕이 황
연 대각ᄒᆞ여 이에 칭샤왈 현비과인의 실덕을 이럿듯 규간ᄒᆞ여씨 ᄃᆞᆺ게ᄒᆞ니
이ᄂᆞᆫ 쥬션왕의 강션후와 졔양공의 지현비로 더브러 가히 병렬ᄒᆞ리로다 ᄒᆞ
고 즉시 외뎐에 나와 빅관 죠회를 밧고 파죠ᄒᆞᆫ 후 ᄂᆡ뎐에 드르샤 륙궁의 죠알
을 밧으시니 궁즁ᄂᆡ외 만셰를 불너 즐기ᄂᆞᆫ 소ᄅᆡ 진동ᄒᆞ더라 날이 반오에 니

름애 졍뎐에 황금룡상과 산호교 즈를 놋코 왕이 익션면류관을 쓰고 홍금곤
룡포를 닙엇스며 빅옥 디를 띄고 벽옥홀을 쥐여 룡졀 룡안에 희긔 만면 ᄒ거
늘 왕휘 또 ᄒ 머리에 쌍봉구화관을 쓰고 몸에 ᄌ금 취라삼을 가 ᄒ 며 ᄌ젹금
슈상을 두루고 교의에 뎡좌 ᄒ엿스니 수플 굿흔 시녜 좌우에 시위 ᄒ 엿슴애
경운은 룡궐을 둘넛고 남풍은 인심을 화 ᄒ니 진짓 희호세계오 태평 과샹이
라 이에 각식 풍악을 진주 흠애 싱쇼고 각운 구름 속에 사못고 금슈포진은 희
아래 령롱 ᄒ니 금일 승ᄉ는 가히 쳔고에 희한 ᄒ더라 이윽 샹궁이 머리를
숙이고 홍라샹을 붓쳐 즁계에셔 빅례를 보 ᄒ니 왕실종쳔이 호챵을 응 ᄒ여
ᄎ례로 나아가 스빈 ᄒ후 졔왕공쥬와 외죠명뷔 또 ᄒ ᄎ례로 스빈 ᄒ고 륙궁
분딕와 삼쳔시녜 진하 ᄒ기를 못침애 왕과 휘 닉뎐에 드르 샤 닉외치졍을 의
론 ᄒ니 이후로 조차 후의 위덕이 병힝 ᄒ여 스 스에 진션 진미 ᄒ니 칭찬 ᄒ는

심쳥젼

소릭일국에진동ᄒ더라이ᄯᅢ심쳥이일죠에존귀ᄒ여만승국뫼되고왕의은총이륭셩ᄒ여만소에일호미흡흠이업스나일념에부쳔을닛지못ᄒ여그사이두번츈취환역흠애그존망을가히혜아리지못ᄒ나지금살아잇슴은쳔만의외라쥬야운련을븟라아미믈펼ᄯᅢ업스니초시눈삼츈가졀이라어원에쇼연을비셜ᄒ고왕과휘후원즁경을완샹ᄒᆞᆯ시층층흔옥계샹에아릿ᄯᅳᆫ샛은탐향봉뎝을머므르고잔잔흔금구변에가눈버들은환우ᄒ눈쇠고리를쳥ᄒ여쳐쳐에츈광이랑쟈ᄒ여사름의흥치를돕눈지라왕이크게즐겨미쥬셩찬으로경물를화답ᄒ나후눈믄득봉안에슯흔믈결이동ᄒ고아미에근심ᄒ눈구름이엉긔여다만먼하눌을건너다보고탄식ᄒᆞᆯᄲᅮᆫ이여눌왕이고이녁여문왈현휘이곳흔승경을듸ᄒ여슈석이만면ᄒ여일분화긔업슴은엇지ᄒᆞᆫ쥬의뇨휘쳐연탄식왈미쳔흔몸이졸연히영귀ᄒ니엇

지즐겁지아니ᄒ리잇고마는다만그윽ᄒ소회잇ᄉᆞᆸᄂ지라무릇사ᄅᆞᆷ의칠
규즁에두눈이일월굿ᄒᆞᆫ지라눈이불근즉텬하만물을숣혀션악졍추를분
변ᄒ거ᄂᆞᆯ밉인은볼것을보지못ᄒ야다굿ᄒᆞᆫ사ᄅᆞᆷ으로홀로이러ᄒᆞᆫ승경을
아지못ᄒᆞ니그일을싱각ᄒᆞᆷ애극히잔잉ᄒ기로그리ᄒᆞ느이다왕왈휘궁인덕
이츌즁홈애그말이고이치안커니와조고로병인이잇거ᄂᆞᆯ현휘굿ᄒ
여슬허흘곡졀이잇스리오휘칭샤왈셩패맛당ᄒ시나쳡의ᄆᆞ음은이굿치
불샹ᄒᆞᆫ것이업나니맛당히ᄒᆞᆫ번경향의모든밉인을모화슈륙진찬으로그
ᄆᆞ음을위로ᄒ고져ᄒᆞᆷ이평싱의미쳐원ᄒ,눈배로소이다왕이그현심을못
리칭찬왈이만일은쉬온일이니무엇을근심ᄒ리오ᄒ고익일에죠셔를나
리와왈졍궁이셰샹밉인의흑빅분간치못ᄒᆞᆷ을불샹히녁여ᄒᆞᆫ번원근밉인
을모화호쥬셩찬을먹여그답답ᄒᆞᆫ심우를위로ᄒ고져ᄒ니초역희한ᄒᆞᆫ음

심쳥젼

덕이라 모로미 경향에 반포ᄒ여 모든 밈인을 불너 경ᄉ로 올니되 만일 빈곤ᄒ여 힝장을 출히지 못ᄒ거든 본읍으로 ᄒ여 곰 치힝ᄒ여 올니 고 만일 한나히나 ᄲᅡ지는 폐잇거든 디 방관을 파츌ᄒ리라 ᄒ시니 각도에셔 왕죠를 밧드러 일시에 밈인을 궁극히 차져 올니여 그 수를 아지 못ᄒ녀라 방빅 슈령이 밈인의 셩명수효를 셩척ᄒ여 올닐시 심현이 ᄯᅩᄒᆞᆫ 가온디 참예ᄒ엿더 라 이 때 심봉ᄉ 불샹ᄒᆞᆫ ᄯᅡᆯ을 닐코 모진 목숨을 근근부지ᄒ더니 동리에 힝실 ᄲᅢᆨ지 못ᄒᆞᆫ 뺑덕 어미란 년이 심봉ᄉ의 전곡이 만히 잇슴을 알고 ᄌᆞ원ᄒ여 심봉ᄉ의 쳡이 되여 지닐시 이 년의 버릇이 량식 주고 떡 사먹기 졋 밋헤 낫 잠자기 웃집에 밥붓치기 남다려 욕셜ᄒ기 동닉 허 싸홈ᄒ기 산아희게 담배쳥키 밤중에 우름 울기 갓옵 쏠ᄒ실을 가졋스니 심봉ᄉ의 셰간이 ᄎᆞ초로 패ᄒ여 그만 든 젼곡이 다 업셔지고 남은 것이 겨오 삼일 량식ᄲᅮᆫ이러니

하로는 그 골원이 심봉스를 불너 셔울 밈인 잔처를 베프나니 너도 가참예
ᄒᆞ라 거쥬 성명 적은 뒤에 돈두량로 조주며 수히 떠나라 ᄒᆞ니 심봉시 되답ᄒᆞ
고 도라와 여보마누라 샹담에 도동무ᄽᅡ라 강남 간다 ᄒᆞ엿스니 우리량쥬셔
울 가셔 잔치 참예 ᄒᆞᆫ 것이 대져 엇더 ᄒᆞᆫ고 뺑덕어미 잔사ᄒᆞᆫ 말로 듸답ᄒᆞ듸
녯 글에 도녀 필죵부라 ᄒᆞ엿스니 령감 가시는 곳이면 어듸를 가지 아니 ᄒᆞ리
오 ᄒᆞ야 봉시 뺑쩍어미를 압세우고 수리ᄂᆞᆯ ᄒᆡᆼᄒᆞ다 가 일계 가 저물매 역촌에
셔 밤을 지닉더니 근쳐 왕봉시 뺑덕어미 ᄒᆞᆫ번 보기를 원ᄒᆞ니 그 년이 싱각ᄒᆞ
되 셔울 잔 처를 참예 ᄒᆞ고 도라 온들 먹을 것이 업스니 진작 뎌 사람을 ᄯᅡ라 가
신셰를 편히 ᄒᆞ리라 ᄒᆞ고 무졍ᄒᆞ게 반야 삼경에 심봉스 잠들기를 기도려 왕
봉스를 ᄯᅡ라 가더라 심봉시 잠을 ᄭᅢ여 뺑쩍어미를 듬어 보니 다라난 년이
잇스리오 여보어 듸 갓나이리 오 소 ᄒᆞ여도 아니 오거 눌의 아 ᄒᆞ야 쥬인 불너

심쳥젼

무러도안에드러잔일업는지라그제야다시난줄알고무수히청원ᄒ다가도로풀쳐싱각ᄒ되너싱각ᄒ는니가그르다뎌하잡년을몰나보고셰간만랑픽ᄒ고잔신ᄒ로수짜지쌔앗겻스니도시니잘못이라뎌더용이무쌍ᄒ조강지쳐도리별ᄒ고셩효가츌텬ᄒ귀동쌀을싱리별ᄒ고도지금짜지사랏거든만년을싱각ᄒ랴그렁뎌렁날이밝아길떠날쌔되엿스니이쌔눈류월이라덥기는불솟갓고짬은비지갓치흐르는듸압못보는늙은이가길은싱소ᄒ고낭즁에돈은업고쳔쳔히보아주는이업시머나먼길을쵸쵸젼진ᄒ니그로샹은과연일필난긔라돌부리만것어차도이고우리심쳥이도랑에만싸져도이고우리심쳥이비곱하도심쳥이ᄒ고목말나도심쳥이ᄒ며욕을보아도심쳥이ᄒ고엇어마져도심쳥이ᄒ니거름거름눈물이오굽뷔굽뷔한숨이라그참혹ᄒ졍샹과의련ᄒ모양은참아보지못ᄒ너

라 뎡일을 당흠의 왕이 통명뎐에 뎐좌ᄒ시고 왕휘 쏘 ᄒᆞᆫ 구경코져 ᄒᆞᆷ애 닉외
뎐을 통늬ᄒᆞ고 쥬렴을 드리온 후 오봉루에어 좌ᄒ시니 오봉루가 놉기운간
에 표묘ᄒ여 열두 충 섬돌이 차아ᄒ엿고 산호 쥬렴에 명소ᄅᆞᆯ 졍졔히 드리워
못거지ᄅᆞᆯ 보시게 ᄒᆞ고 다시 호부에 하교ᄅᆞᆯ ᄂᆞ리와 금은필빅을 만히 딕령ᄒ
라 ᄒ니 이ᄂᆞᆫ 밍인을 반상ᄒ려 흠이라 이에 통명뎐너른 ᄯᅳᆯ에 포진을 ᄀᆞᆺ초
ᄒᆞᆫ번에 밍인 일빅 식 불너 드려 안치고 초례로 샹을 주고 리원 어악을 진
주ᄒᆞᆯ시 허다 밍인이 슐이 두어 슌 지남애 뎐은 도열 복ᄒ고 흥치도 쏘 ᄒᆞᆫ 도
ᄒ여 일시에 니러 춤추고 고래평셩 가ᄅᆞᆯ 노래ᄒ니 진실로 터디 잔장관이오
금에 희한 ᄒᆞᆫ 덕틱이러라 죵일 진환ᄒᆞᆫ 후 각각 금은필빅을 주어 보내니 모든
밍인이 뎐샹을 ᄇᆞ라 산호비무ᄒᆞ고 물너 가ᄂᆞᆫ지라 이럿 듯 삼일을 련ᄒ여 잔
치ᄒ나 심현의 종젹이 업거ᄂᆞᆯ 휘심하에 혜오디 이 잔치ᄂᆞᆫ 젼혀 부친을 찻고

심쳥젼

四一

심쳥젼

져 흠이여 눌지금쌔지 형영이 업스니 필연죽음이로다 ᄒᆞ여 슬허ᄒᆞ여 구만 흔 눈물이 뻐러짐을 쌔 듯지 못ᄒᆞ니 시위궁녜 구장의 괴ᄒᆞ나 감히 뭇지 못ᄒᆞ더라 예수일에 마조 막밍인을 드리니 이날은 원방궁향에 잇는 밍인이라 밍인이 ᄎᆞ례로 드러오는 즁 최후에 드러와 말셕에 안는 밍인이 의복이 람루ᄒᆞ고 형용이 쵸췌ᄒᆞ여 힝보를 일우지 못ᄒᆞ매 븟들어 좌에 나아가나 능히 좌를 안졉지 못ᄒᆞ여 막대를 의지ᄒᆞ여 겨우 안즈니 피골이 샹련ᄒᆞ여거 의 촉류되엿더라 샹을 그 압헤 노흐니 흔 잔 술을 마시지 못ᄒᆞ고 손으로 저로 더듬어 흔가지도 먹지 못ᄒᆞ고 진진히 눗길 ᄯᅡ름이라 만죄 그 형샹을 보고 가궁흠을 마지 아니 ᄒᆞ더니 믄득 샹궁이 오봉루로 조ᄎᆞ 나려와 복디 주왈 왕후 낭낭이 뎌 말셕에 안즌 밍인을 오봉루 아래로 부르라 ᄒᆞ시ᄂᆞ이다 ᄒᆞ거늘 왕이 싱각ᄒᆞ되 이 밍인이여 러 밍인이 즁 별노 참혹흠애 왕후의 측은지심으로

각별은뎐을쓰고져흠이로다즉시명ᄒᆞ여말셕의밍인을닉뎐루하로입시
ᄒᆞ라ᄒᆞ시니차비관이나아가그머리에셔ᄒᆞᆫ갓을쓰이고몸에관복을닙혀
닉시로ᄒᆞ여곰업혀오봉루하즁계의룡문쳐화셔우희안치니라초시왕휘
밍인이마즈막든단말을듯고시각으로룡안이홀번ᄒᆞ여옥뤼진진ᄒᆞ더니
말셕밍인을보니비록사이멀어ᄌᆞ셰치못ᄒᆞ나엇지부녀의뎐뉸으로써그
형용을몰나보리오샬니몸을니러외뎐으로젼어ᄒᆞ고입시지ᄎᆔ을셩화ᄀᆞᆺ
치ᄒᆞ니닉시그밍인을업어즁계에안치거ᄂᆞᆯ왕휘밧비눈을들어본죽이는
분명부쳔이라이목구비ᄂᆞᆫ완연ᄒᆞ나괴뷔츄락ᄒᆞ여귀신ᄀᆞᆺ거ᄂᆞᆯ왕휘혼마
딕부쳔을부르고업더지니시위궁녜대경실식ᄒᆞ여급히붓드러구호ᄒᆞ고
외뎐에주ᄒᆞ니왕이경황ᄒᆞ여밧비닉뎐에드르샤곡졀을무르시니휘비로
소졍신을슈습ᄒᆞ여눈을들어본죽왕이갓가히오샤어슈로ᄌᆞ긔슈죡을쥐

심쳥젼

모르는지라 휘황공호여 급히 니러줍을 싸혀 군젼에 불경홈을 쳥죄호고 버
거즛괴회포를 진달호고 글오되 금즁계에 셧는 밍인이 쳡의 아비라 부녜
서로 떠난지 삼년에 지금 맛나 오니 뎐륜지졍이 주연격발호여 실례호여 성
심을 경동케 호니 죄당만시로소이다 왕이 쳥파에 대찬 왈 미지며 긔지라 원
닉 소졍이여 추홈이 잇도다 그러나 현후의 효셩이 뎐디에 사뭇추니 과인이
엇지 부녀합취홈을 치하치 아니리오 호시고 니시로 호여 곰 즁계 밍인을
드러던 샹에 올니고 부녜 샹봉케 호라 호시니 휘 즁계에 나셔 부친을 붓들고
지비 통곡 왈 부친은 쇼녀를 모로시나니잇가 샹고에게 팔녀 인당슈에 싸져
죽은 쳥이러니 뎐은이 망극호여 일신이 영귀호고 부녜 샹봉호오니 이제 죽
은들 무솜 혼이 잇스리잇고 호며 실셩 통곡호니 심현이 이 말을 듯고 부지불
각에 크게 소릐질너 왈 이곳이 뎐샹이냐 인간이냐 이 일이 몽즁이냐 싱시냐

네 진졍 내 ᄯᅡᆯ쳥이 나 삼년 젼에 죽은 녀ᄋᆡ 엇지ᄒᆞ여 이럿틋 귀히 되단 말고 계간에 이런 일도 잇는가 ᄂᆡ 눈이 업서 너를 보지 못ᄒᆞ니 이런 죄악도 잇ᄂᆞ냐 ᄒᆞ며 ᄒᆞᆫ번 얼골을 ᄶᅵᆼ긔고 눈을 빗ᄯᅳ니 믄득 두 눈이 쾌히 ᄯᅳ엇는지라 부녜 붓들고 일쟝 례읍ᄒᆞ니 이곳은 지엄지디라 감히 ᄉ졍을 못 옴 뒤로 펴지 못ᄒᆞ나 왕이 그 부녀로 ᄒᆞ여곰 서로 보게 ᄒᆞ심은 ᄉ지부싱ᄒᆞ엿슴으로 ᄒᆞᆫ번 ᄉ졍을 펴도록 ᄒᆞ심이러라 휘 이ᄯᅢ를 당ᄒᆞ여 맛당히 부친을 안고 통곡ᄒᆞᆯ 것이로되 후비의 톄모를 아니 도라보지 못ᄒᆞᆷ에 십분 강잉ᄒᆞ여 니젼에 드르시고 ᄂᆡ로 ᄒᆞ여 금부쳔을 뫼셔 후원 별당에 안돈ᄒᆞᆫ 후 어의로 간병ᄒᆞ라 ᄒᆞ시니 이윽고 현이 회소ᄒᆞ여 완인이 되고 량안이 분명ᄒᆞ니 후의 깃거ᄒᆞᆷ은 닐으도 말고 궁즁 닉외 가 그 긔이ᄒᆞᆷ을 못릭 칭탄ᄒᆞ더라 수일이 지남애 왕이 심현으로ᄡᅥ 국구를 삼아 입죠ᄒᆞ라 ᄒᆞ신대 현이 관복을 ᄀᆞᆺ초고 옥계에 나아가 고두샤은ᄒᆞᆫ

심쳥젼

심청전

후 감로를 흘녀 굴오디 신의 명되궁익ᄒ와 여초ᄒ엿ᄉᆸ더니 왕상의 젼고에 업슨은틱으로 쳔만몽외에 삼년을싱리ᄉ 별ᄒ엿던녀식이이럿틋 영귀히 되엿고 다시 부녜 샹봉ᄒ오니 이는 모른 나무에 봄이오고 찬 지 다시 더워 짐이오더욱 신이 감앗던 눈이 다시 ᄇᆞ라 골슈에 밋쳣던병이 츈셜 굿치 사라졋스나 쳔 흔 몸이 잔뇌도 지ᄒ오나 셩덕혜화를 다 갑흘 길이 업ᄂ이다 ᄒ거ᄂᆞᆯ 왕이 흔연히 좌를 주시고 젼후 ᄉᆞ연을 문답ᄒ여 후의 고싱ᄒ던 일과 군졀 ᄒ던 효셩을 듯고 일변 익이 시며 일변 흠탄ᄒ여 즉시 공의 벼슬을 도도와 호부샹셔 겸 대ᄉᆞ마 초국공을 ᄒ이시고 노비 뎐결과 별궁을 ᄉᆞ급ᄒ시고 글오샤딕 국귀년 긔미쇠 ᄒ엿스니 모로미 취실ᄒ지어다 심 공이 크게 놀나 만만 블가흠을 주ᄒᆞᆫ 대왕이 불윤ᄒ시고 공경에게 하교ᄒ샤 혼쳐를 쳔거 ᄒ라 ᄒ신 대 어ᄉᆞ 위랑이 주왈 ᄌᆞ승샹 님한에게 일녜 잇ᄉᆞ오되 과년 ᄒ여 이

십삼셰라 ᄒᆞ오니 국구와 결혼홈이 가ᄒᆞ니이다 왕이 대희ᄒᆞ샤 남한을
명ᄒᆞ샤 왈 경의 과년ᄒᆞ다 ᄒᆞ니 국구와 결혼홈이 엇더ᄒᆞ뇨 ᄒᆞ신대 남한이 딕
왈 셩교를 엇지 위월ᄒᆞ오리잇고 마는 신이 우둔ᄒᆞ와 ᄀᆞ르치지 못ᄒᆞ온지라
비혼 힝실이 쳔박ᄒᆞ와 국구의 건즐을 쇼임치 못ᄒᆞᆯ가 ᄒᆞ나이다 왕이로 왈 사
양치 말라 ᄒᆞ시고 부부인 직텹을 ᄂᆞ리시니 남한이 샤은퇴죠ᄒᆞ여 연즁 셜화
를 젼ᄒᆞ고 혼구를 쥰비ᄒᆞ며 일변으로 튁일ᄒᆞ니 칠월 망간이라 심휘 쳔히 혼
구를 쥰비ᄒᆞ여 사급ᄒᆞ시고 상궁을 보내여 길일을 당홈애 초
공이 위의를 굿초와 혼가로 나아가 힝례ᄒᆞᆯ시 신랑의 헌앙홈과 신부의 현슉
홈이 초등이 업는지라 빙모 졍부인이 그 나만 홈을 혐의치 아니ᄒᆞ더라 신뷔
뎡에 오름애 위의를 휘동ᄒᆞ여 도라와 교비를 못침애 상궁이 사급ᄒᆞ신 즙물
을 기착홈애 광치 빈승ᄒᆞ더라 날이 져믈 매 졍침에 쵹을 볼리ᄒᆞ고 부뷔 상듸ᄒᆞ

심청젼

四七

여셔스룰싱각ᄒᆞᆷ애일쟝츈몽이라축을멸ᄒᆞ고금금에나아가운우지락을일움애은정이여산약히ᄒᆞ더라샹궁이도라가신부현숙ᄒᆞᆷ과심공의희열ᄒᆞ든바룰주ᄒᆞᆫ대휘깃거ᄒᆞ며죠셕봉양치못ᄒᆞᆷ을ᄒᆞ더라이뒤일은싸로젼ᄒᆞᆷ이잇기로여긔는그만그치노라

심쳥젼 죵

大正二年九月三日印刷
大正二年九月五日發行

不許 翻印

심쳥젼
定價六錢
郵稅二錢

著作兼發行者 京城南部上犁洞三二,四 崔昌善

印刷者 全 崔誠愚

印刷所 全 新文館

總發行所 京城南部上犁洞 振替京城六六四番 新文館

신문관발간신쇼셜

○ 불샹한 동무　全壹冊 定價金 貳拾錢 郵稅 四錢
○ 검둥의 셜음　全壹冊 定價金 參拾錢 郵稅 四錢
○ 자랑의 단추　全壹冊 定價金 貳拾錢 郵稅 貳錢
○ 만인계　全壹冊 定價金 貳拾五錢 郵稅 四錢
○ 허풍션이 모험긔담　全壹冊 定價金 貳拾錢 郵稅 貳錢
○ 버셜늬 유람긔　全壹冊 定價金 貳拾錢 郵稅 貳錢

이 모든 책은 다 셔양에 유명한 쇼셜을 번역한 것이니 시속에 쓸 디 업시 쎅둑싹둑 한 잡셩스러운 것과 달나 한 번 닑으면 무궁한 주미 잇슬 뿐 아니라 소견에 드를 것이 클지니 한 번 사보소셔 졍하게 박아 아당하게 제책하고 권권히 졍한 그림을 너헛슴니다

歌曲選　全壹冊｛定價金 參拾錢　郵稅 四錢

此書는朝鮮古來로君王公卿賢相名將哲人達士才子佳人의 名作時調六百章을 選拔하야 類編校刊한 것이니 可히 月下에 低吟할지며 可히 風前에 高唱할지며 可히 消遣에 供할지며 可히 修養에 資할지니라

朝鮮俚諺　全壹冊｛定價金 參拾錢　郵稅 四錢

此書는 情理가 俱切한 俚諺近千條를 苦心探集하야 意義를 注解하고 出處를 示明한 것이니 座右에 備置하고 時常 披閱하야 면 談論文章에 利用이 莫大할 뿐 아니라 坐한 處世의 秘機와 交人의 妙諦를 心得할지니라

絕倒百話　開卷嬉嬉

右兩書는 古今笑話中奇妙한 短話各百則式을 選하야 輕妙한 文으로 述한 奇書ー니 各壹冊 定價各拾錢 郵稅各貳錢

신교 슈호지

{大板精印堅裝每冊精圖插入
定價每冊四拾五錢郵稅各六錢}

全五冊紙數約一千二百頁

슈호지란 일홈은 엇지ᄒᆞ야 그리 소문이 놉흐뇨의 소로 던지 ᄌᆡ미로 던지 쇼셜가운ᄃᆡ 가장 탁월ᄒᆞᆫ 세닭이오 그러나 슈호지를 본이 눈 엇지ᄒᆞ야 별로 만치 못ᄒᆞᄂᆞ뇨 글어 어렵고 소연이 셕셕ᄒᆞ야 보기 용이치 못ᄒᆞᆫ ᄭᆞ닭이라 이제 우리 게셔 내는 슈호지는 한문원본을 분명 조상ᄒᆞ게 번역ᄒᆞ고 알기 어려운 귀졀은 한 문을 발달이 ᄒᆞ야 노핫스니 제부러 는 아모라도 이런 하대일동의 쇼셜의 무궁ᄒᆞᆫ ᄌᆞ미를 맛볼지라 귀잇는 산아희는 다 한번 보아 시연ᄒᆞᆫ 구경을 홀지로다

신교 옥루몽

{大板精印堅裝每冊精圖插入
定價第一二三冊各四拾五錢
第四冊五拾五錢郵稅各六錢}

全四冊紙數九百餘頁

하눌로셔 런 ᄯᅩᆺ한 가지가 이세상에 써러져 혹 ᄌᆡ가 되며 혹 가인이 되며 혹 풍류성ᄉᆞ가 생기며 혹 병마대젼이 생기여 변화무궁ᄒᆞ고 소실이 복잡ᄒᆞ니 일일이 지극한 ᄌᆞ미오마디마디 간졀ᄒᆞ정이라 이 ᄎᆡᆨ을 한번 잡으면 참아 훌수 업ᄃᆞ 흠은 던 하ᄎᆡᆨ을 보시ᄂᆞ니의 공평ᄒᆞ평이니 그엇지ᄒᆞ야 그ᄒᆞᆷ을 모름직이 ᄎᆡᆨ을 보아 짐작ᄒᆞ시오 이ᄎᆡᆨ한 권이면 시속 쇼셜 두세권분수가 되고 ᄯᅩ늘 보아 도염증 나지 아니 ᄒᆞ는 ᄎᆡᆨ이외다

뎐우치젼

쇼셜

셔울.신문관

발힝

젼치우뎐

셜쇼젼륙

판문신．울서

힝발

륙전쇼셜

근릭 칙 박는 법이 편홈을 싸라 답지 못홈 칙이 만히 나는즁 녜젼부터 널니 힝ᄒ던 칙을 구태 일홈을 밧고고 소연을 고치되 흔이 쥬옥을 번농야 와록을 만들어 학 업는 리를 탐ᄒ눈재 만ᄒ니 엇지 한심치 아니ᄒ리오 우리가 이를 개연히 녁이여 크게 이 폐단을 고칠 쎄를 몬져 녯 칙 가운딕 가히 젼ᄒᆯ만ᄒ것을 가리혀 소연과 글의 잘못된것을 바로잡으며 올치 못ᄒ것을 맛당도록 고치여 이 『륙젼쇼셜』(六錢小說) 이란것을 내오니 소연은 녯 맛이 새로우며 글은 원법에 마지며 칙은 양젼ᄒ며 갑슨 싼지라 소히 쳠군ᄌᄭᅴ셔는 다ᄒ힝히 깃붐으로 마지시기를 쳔만 바라느이다

뎐 우 치 젼 권 지 단

죠션초에 송경승인문안에 한션빗잇스니 셩은뎐이오 일홈은 우치라 일즉
놉흔 스승을 조차 신선의 도를 배호되 본릭 지질이 표일호고 겸호야 졍셩이
지극홈으로 맛춤내 오묘흔 리치를 통호고 신긔흔 지조를 엇엇스나 소래를
숨기고 자최를 곰초아 지냄으로 비록 갓가히 노는 이도 알리업더라 이때 남
방히 변여러 고을 이여러 해 바다 도적의 노략을 닙은 놈아지에 업친 덧쳐
무서운 흉년을 맛나니 그곳 빅셩의 참혹 흔 형샹은 이로 붓으로 그리지 못홀
지라 그러나 죠뎡에 벼슐호는 이들은 권셰를 닷호기에만 눈이 붉고 가슴이
탈 뿐이오 빅셩의 질고는 모르는 듯키 브려 두니 슷잇는 이의 팔을 쏍내여 통
분홈이 닐을 길업더니 우치 쏘 흔참 다 못호여 그 욱히 슷을 결단호고 집을 브

뎐우치젼권지단

一

리며 셰간을 헷치고 텬하로써 집을 삼고 빅셩으로써 몸을 삼으려 ᄒᆞ더라 하
로 몸을 변ᄒᆞ여 션관이 되여 머리에 쌍봉금관을 쓰고 몸에 홍포를 닙고 허
리에 빅옥ᄯᅴ를 씌고 손에 옥홀을 쥐고 청의동ᄌᆞ 한 쌍을 다리고 구름을 ᄯᅩ고
안ᄀᆡ를 멍에ᄒᆞ여 바로 대궐 우에 니르러 공중에 머므러 섯스니 이ᄯᅢ는 츈졍
월초이일이라 샹이 문무빅관의 진하를 밧으시더니 문득 오싴치운이 만뎐
ᄒᆞ고 향풍이 촉비ᄒᆞ더니 공중에셔 말ᄒᆞ여 왈 국왕은 옥황의 칙지를 밧으라
ᄒᆞ거늘 샹이 놀나샤 급히 빅관을 거느리시고 뎐에 누리샤 분향쳠망ᄒᆞ니 션
관이 오운즁에 셔 닐ᄋᆞ되 이졔 옥뎨 텬하에 구차흔 즁ᄉᆡᆼ을 령혼을 위로ᄒᆞ실
양으로 태화궁을 창건ᄒᆞ실ᄉᆡ 인간 각국에 황금 들보 한 아식을 문드러 올니
되 쟝이 오쳑이오 광은 칠쳑이니 츈삼월 망일에 올녀 가게 ᄒᆞ고 언흘에
하늘로 올나 가거늘 샹이 신긔히 녁이시며 뎐에 오르샤 문무를 모화 의론ᄒᆞ

실시간의 태위주왈이제 팔도에 반포ᄒ여 금을 모화 텬명을 밧들미올ᄒ니
이다 샹이 올ᄒ히 녁이샤 팔도에 금을 모화 밧치라 ᄒ고 공인을 불너 일변금을
불녀 쟝광쳑수를 맛초아 지어내니 왕공경ᄉ의 집안에 잇는 것은 말도 말고
팔도의 금이 진ᄒ고 심지어 빈혀에 올닌 금ᄭ지 벗겨 올니니 샹이 깃그샤 삼
일지계ᄒ시고 그 날을 기ᄃ려 포진ᄒ고 등ᄃㅣㅎ엿더니 진시 눈ᄒ여 샹이 운이
걸니에 자옥ᄒ고 향취 옹비ᄒ며 오운 가운ᄃㅣ 션관이 쳥의 동ᄌ를 좌우에 세
우고 구름에 싸혓스니 그 형용이 극히 황홀ᄒ더라 샹이 빅관을 거ᄂ리시고
부복ᄒ신ᄃㅣ 그 션관이 뎐지를ᄂ리와 글으ᄃㅣ 고려왕이 힘을 다ᄒ여 텬명을
슌죵ᄒ니 졍셩이 지극ᄒ지라 고려국이 우슌풍됴ᄒ고 국태민안ᄒ여 복죄
무량ᄒ리니 샹텬을 공경ᄒ여 덕을 닥고 지내라 말ᄒ을 맛치며 두편으로 쌍동
지학을 ᄐ고 ᄂㅣ려와 요구에 황금 들 보를 걸어 올녀 쳐운에 싸혀 남싸ᄒ로ᄒㅣㅇ

뎐우치젼 권지 단

三

뎐우치젼권지단

ᄒᆞ니 무지기 하늘에 쌔치고 풍우 소래 진동ᄒᆞ며 오ᄉᆡᆨ최운이 각각 동셔로 흣
허지거늘 샹과 졔신이 무수히 샤례ᄒᆞ고 뉴궁비빈이 싸에 업듸여 감히 우러
러 보지 못ᄒᆞ더라 샹이 어뎐에 오르샤 빅관을 죠회밧으실ᄉᆡ 만셰를 불은 후
대연을 비셜ᄒᆞ여 질기시더라 이ᄯᅢ 우치 그들보를 가져다가 이나라 안에셔
눈쳐치 ᄒᆞ기가 난편ᄒᆞ지라 그 길로 구름을 명에 ᄒᆞ야셔 공듕으로 향ᄒᆞ야
몬져들 보졀반을 버혀 헷쳐 팔아 쌀 십만셕을 사고 다시 방으로 마련ᄒᆞ야 난
화 실녀 슌풍으로 가져다가 십만 빈호에 알마초 분급ᄒᆞ야 당쟝 주려 죽음을
건지고 다시 이듬해 농량과 죵ᄌᆞ를 ᄒᆞ게 ᄒᆞ니 빅셩들은 희츌망외ᄒᆞ여 다만
손들을 마조 잡고 여던대 덕을 칭샤ᄒᆞᆯ ᄲᅮᆫ이오 관쟝들도 ᄯᅩ ᄒᆞᆫ 긔가 막히고 어
리둥졀ᄒᆞ야 엇지 ᄒᆞᆫ 곡졀을 몰나 ᄒᆞ더라 우치 이리 ᄒᆞᆫ 뒤에 ᄒᆞᆫ 쟝방을 써셔 동
구에 부쳣스니 그 굴에 ᄒᆞ엿스듸

이번에곡식을난홈으로혹나를칭숑ㅎ는듯ㅎ나이는맛당치아니ㅎ지
라대개나라는빅셩을쏙리삼고부쟈는빈민의문들어줌이어놀이제너
희들이량슌ㅎ빅셩과츙실ㅎ일군으로이러듯참혹ㅎ디경에니르럿건
만은벼술ㅎ이가길을트지아니ㅎ고감열ㅎ이가힘을내고자아니홈이
과연뎐리에어그러져신인이공분ㅎ는바이기로내하놀을딕신ㅎ여이
러뎌려ㅎ방법으로이리뎌리ㅎ얏슴이너희들은모름지기이뜻을쌔
다라잠시놈에게맛겻던것이돌아온줄로만알고놈의힘을넙는줄은아
지말지어다더욱조쳥ㅎ야심바람ㅎ내야무솜공이잇다ㅎ리오이리말
ㅎ는나는쳐스뎐우치로라ㅎ얏더라
이때이쇼문이나라에들님애비로소젼후스연을알고임군을속이고나라
를소란히ㅎ얏스니그죄를샤ㅎ지못ㅎ리라ㅎ야널니그죵젹을수탐ㅎ거

뎐우치젼권지단

五

뎐우치젼권지단

놀우치더욱괫심히알고스스로써 ᄒ 되약 ᄒ 쟈를붓들엇다 ᄒ 허물흠은굿센
우치의저인체 ᄒ 눈례 ᄉ 라내뎌의굿센것이얼마밧게못됨을실샹으로알니
라 ᄒ 고계교를실각 ᄒ 야들머리를버혀가지고셔울가팔녀 ᄒ 니보
눈사람마다의심치아니 ᄒ 리업더라맛춤도포관이보고크게이히녀여
우치드려문왈이금이어딕셔낫스며갑은얼마라 ᄒ 뇨우치답왈이금이
난곳이잇거니와갑인즉얼마가될지달어팔지니오빅량을주거든팔냐 ᄒ
노라로포관이우문왈그딕집이어딕이뇨내명일에반다시돈을가지고차
자가리라우치왈내집은남셤부쥬오셩명은뎐우치로라도포관이셔로이
별 ᄒ 고고을에들어가태쉬대경왈지금본국에눈황금이
업거놀이반다시연괴잇도다 ᄒ 고관리를압령 ᄒ 여발치 ᄒ 려 ᄒ 다가다시
싱각 ᄒ 딕이눈조셰치못 ᄒ ᆫ일이니은조오빅량을주고사다가진위를알니

六

라ᄒᆞ고은ᄌᆞ오빅냥을주며사셔오라ᄒᆞ니토포관이관리를다리고남섬부
로차자가니우치마자례필에토포관왈금을사러왓노라ᄒᆞ듸우치응락ᄒᆞ
고오빅냥을밧은후금을내여주니토포관이밧아가지고도라와태슈씌드
리니태쉬보고대경왈이금이들보머리버힌것이분명ᄒᆞ니이필경우치로
다ᄒᆞ고일변이놈을잡아진위를안연후에쟝계흠이늣지안타ᄒᆞ고즉시십
여명을분부ᄒᆞ여셜니잡아오라ᄒᆞ니관리텽령ᄒᆞ고밧비남셤부에가우치
를잡아내니우치됴흔음식을내여관리를디졉ᄒᆞ여왈그디들이수고로이
오도다나는죄업슴애결단코가지아니ᄒᆞ리니그디등은도라가태슈에게
고ᄒᆞ기를우치눈잡혀오지아니ᄒᆞ고왈태슈의힘으로눈못잡으리니나라
에고ᄒᆞ여군명이잇슨후에나잡히여가리라ᄒᆞ며조곰도요동치아니ᄒᆞ니
관리홀일업셔도라가태슈씌이되로고ᄒᆞ니태슈이말을듯고대경ᄒᆞ여

뎐우치젼권지단

七

젼우치젼권지단

즉시토병오빅을뎜고ᄒᆞ여남셤부에가우치의집을에워싸고일변이뜻으
로나라에쟝계ᄒᆞ니샹이대경대노ᄒᆞ샤빅관을모화의론을뎡ᄒᆞ시고포쳥
으로나리ᄒᆞ라ᄒᆞ시고쳔국궁실긔구를차리시고잡아오기를기드리시더
라이ᄯᅢ금부라졸이군명을밧ᄌᆞ와남셤부에가우치의집을에워싸고잡으
려ᄒᆞ니우치링쇼왈너의빅만군이와도내잡혀가지아니ᄒᆞ리니너희무음
디로나를텰살으로단단이얽어가라ᄒᆞ거놀모든라졸이일시에다라드러
텰삭으로동혀매고젼후좌우로옹위ᄒᆞ여갈시우치ᄯᅩ외여왈나를잡아가
지안코무엇을매어가는다도포관이대경ᄒᆞ여보니ᄒᆞ낫쟝나무를매엿거
놀좌우라졸이긔가막혀아모말을못ᄒᆞ더니우치왈너의나를잡아가고자
ᄒᆞ거든내ᄒᆞ낫병을주리니그병을잡아가라ᄒᆞ고병ᄒᆞᆫ아를내여싸에놋거
놀여러라졸이다라드러잡으려ᄒᆞ니우치그병속으로들어가거놀라졸이

八

병을잡아드니무겁기쳔근굿고병속에셔닐으딕내이졔눈잡혓스니올나
가리라ᄒ 눈지라ᄒ 줄이쓴일흘가겁ᄒ 여병부리를단단이막아질머지고
와밧치니샹이굴으샤딕우치요슐을혼들엇지능히병속에들엇스리오ᄒ
시더니문득병속으로소래ᄒ 여왈답답ᄒ 니병막에를싸혀달나ᄒ 거놀샹
이그졔야병속에든줄알으시고졔신드려쳐흠을무르시니졔신이쥬왈
이놈이요슐이능ᄒ 오니가마에기름을쓸이고병을넛케ᄒ 쇼셔샹이올히
녁이샤기름을쓸이라ᄒ 시고병속에셔외여왈신의집이
빈한ᄒ 여치워견딜수업ᄉ 옵더니뎐은이망극ᄒ 샤쩔던몸을녹여주시니
황감ᄒ 여이다ᄒ 거놀샹이진노ᄒ 샤그병을쌔쳐여러조각에나되아모것
도업고병조각이되여어젼에나아가쥬왈신이뎐우치어니와원컨대군신
잔신의죄를다ᄉ 릴졍신으로빅셩이나더편안케흠이올흘가ᄒ 누이다ᄒ

뎐우치젼권지단

九

던우치젼권지단

고조각마다 훈갈굿치 ᄒ거늘 샹이 더욱 진노ᄒ샤 도부슈로 ᄒ야곰 병조각
을 바가루를 만들어 다시 기름에 ᄭ이라 ᄒ시고 뎐우치의 집을 불질으고 그
터에 련못을 만드시고 제신으로 우치 잡기를 의론ᄒ실시 제신이 쥬왈 요젹
뎐우치를 위엄으로 잡을 수 업소오니 맛당히 소대문에 방을 붓쳐 우치 ᄌ현
ᄒ면 죄를 샤ᄒ고 벼슬을 주리라 ᄒ여 만일 ᄌ현ᄒ거든 죽여 후환을 업시 홈
이 가ᄒ올가 ᄒᄂ이다 샹이 조치샤 즉시 소대문에 방을 붓치시니 그 방에 왈
뎐우치 비록 나라에 득죄 ᄒ엿스나 그 저죄 능ᄒ고 도법이 놉흐딕 알니지
못 홈은 유ᄉ의 칙망이오 집이 불명홈으로 이 굿흔 영걸을 죽이고자 ᄒ엿
스니 엇지 차탄치 안으리오 이제 집이 전ᄉ를 뉘우쳐 특별히 우치에게 벼
슬을 주어 국정을 다 스리고 빅셩을 편안코자 ᄒᄂ니 모름이 뎐우치ᄂᄌ
현ᄒ라 ᄒ엿더라

이때에 우치 구름을 트고 소쳐 로 든니 며더 욱어진일을 힝ᄒ더니 ᄒ곳에 니
르러 보니 빅발로옹이 슯히 울거늘 우치 구름에 ᄂ려 그 우ᄂᆫ 연고를 무르
니 옹이 울음을 ᄭ치고 답왈 내 나이 칠십삼셰에 다 만흔 낫ᄌᆞ식이 잇더니
그로 옹이 울음을 ᄭ치고 답왈 내 나이 칠십삼셰에 다 만흔 낫ᄌᆞ식이 잇더니
의 미ᄒᆞᆫ 일로 살인죄ᄅᆞ 슈로잡혀 죽게되엿슴으로 셜워 우노라 우치 왈 무슴이
미ᄒᆞᆫ 일이 잇ᄂᆞ뇨 로옹왈 왕가라 ᄒᆞᄂᆞᆫ 사ᄅᆞᆷ이 잇ᄂᆞᆫ듸 ᄌᆞ식이 쳔ᄒᆞ여든 니더
니 그 계집의 인물이 아ᄅᆞᆷ다오나 음란ᄒᆞ여 죠가라 ᄒᆞᄂᆞᆫ 사ᄅᆞᆷ을 통간 ᄒᆞ여든
니다가 왕가에게 들니 여량인이 ᄡᅡ와 랑쟈이구타ᄒᆞ더니 ᄌᆞ식이 맛ᄎᆞᆷ 갓다
가 그거동을 보고 말니여 죠가ᄅᆞᆯ 매집으로 보낸 후 도 라왓더니 왕개인 ᄒᆞ야
죽으미 그외 ᄉᆞ촌이 잇셔 고쟝ᄒᆞ여 취옥 ᄒᆞᆷ애 죠가ᄂᆞᆫ 형조판셔 양문덕의 문
긱이라 알음이 잇셔 ᄲᅡ져 나오고 내ᄌᆞ식은 살인정범으로 문셔를 만들어 옥
즁에 가 두니 이러 ᄒᆞᆷ으로 셜어 우노라 우치 이 말을 듯고 왈 여 초ᄒᆞᆯ 진댄 죠가

뎐우치젼 권지단

二

뎐우치젼권지단

가원범이라 ᄒᆞ고 ᄯᅩ 문왈 양문덕의 집이 어ᄃᆡ뇨 로옹이 ᄌᆞ셰히 ᄀᆞᆯᄋᆞ치거ᄂᆞᆯ
우치로인을 리별ᄒᆞ고 몸을 흔드러 변ᄒᆞ여 일진쳥풍이 되여 그 집에 니르니
초시 양문덕이 홀로 당상에 안졋거ᄂᆞᆯ 우치 동졍을 보더니 양문덕이 거울을
ᄃᆡᄒᆞ여 얼골을 보거ᄂᆞᆯ 우치 변ᄒᆞ여 왕개 되여 면경 압헤 안졋거ᄂᆞᆯ 양문덕이
괴이히 녀여 거울을 슘혀 보니 아모 것도 업ᄂᆞᆫ지라 싱각ᄒᆞ왈 요얼이 빅쥬에 나
를 희롱ᄒᆞᆫ가 ᄒᆞ고 다시 거울을 슘혀 보니 앗가 안졋던 사룸이 그져서서 왈
나ᄂᆞᆫ 이번 죠가에게 마져 죽은 왕싱이러니 원혼이 되여 원슈 갑기를 바랏더
니 샹공이 그 릇ᄅᆡ가ᄅᆞᆯ 두고 죠가ᄅᆞᆯ 노으니 이 일이 이 민훈지 지금으로
죠가ᄅᆞᆯ 가두고 리가ᄅᆞᆯ 방숑ᄒᆞ라 불연즉 명셩계 가 숑ᄉᆞᄒᆞ리라 ᄒᆞ고 홀연간
ᄃᆡ 업거ᄂᆞᆯ 양문덕이 대경ᄒᆞ여 즉시 죠가ᄅᆞᆯ 올녀 매고 엄문ᄒᆞ니 죠개이 미타
ᄒᆞ고 발명 ᄒᆞᆯ제 문득 왕개 고셩질왈 이몸 쓸죠가야 네 엇지 내쳐를 겁탈ᄒᆞ고

쏘나를쳐죽이니엇지구쳔의원혼이업스리오만일너를죽여원슈를갑지
못ᄒᆞ면명부에송ᄉᆞᄒᆞ여와양문덕을잡아다가디옥에가두고나지못ᄒᆞ
게ᄒᆞ리라ᄒᆞ고인ᄒᆞ여소래업ᄂᆞᆫ지라죠개머리를들지못ᄒᆞ고양문덕이놀
나아모리ᄒᆞᆯ줄모르다가이윽고졍신을진졍ᄒᆞ여죠가를엄형ᄒᆞ니죠개ᄂᆞᆫ
허견듸지못ᄒᆞ여긔긔복쵸ᄒᆞ거ᄂᆞᆯ인ᄒᆞ여리가를놋코죠가를엄슈ᄒᆞ고즉
시죠뎡에상달ᄒᆞ여죠가를복법ᄒᆞ니이ᄯᅢ리개집에도라가아바를보고왕
가의혼이와셔여츄이ᄒᆞ여노힘을말ᄒᆞ니로옹이깃븜을이긔지못ᄒᆞ
여이ᄒᆞ더라ᄯᅢ우치리가를구ᄒᆞ여보내고얼마쯤가다가홀연보니져자거
리에사람들이돗희머리다ᄉᆞᆺ을가지고닷도거ᄂᆞᆯ우치구름에ᄂᆞ려그연
고를무른듸훈사람이닐ᄋᆞ듸져두쓸디잇셔사가더니이관리놈이아사가랴
ᄒᆞ기로닷도노라ᄒᆞ거ᄂᆞᆯ우치관리를속이려ᄒᆞ여진언을념ᄒᆞ니그져뒤입

뎐우치젼권지단

一三

을버리고 다라드러 관리의 등을 물녀ᄒ거늘 관리와 구경ᄒ던 사ᄅᆞᆷ이 일시에 허여져 다라나ᄂᆞᆫ지라 우치 ᄯᅩᄒᆞᆫ 곳에 니르니 풍악이 랑쟈ᄒᆞ고 가셩이 요량ᄒ거늘 즉시 여러 사ᄅᆞᆷ 좌즁에 드러가 례ᄒᆞ고 왈 쇼셩은 지나가는 길이러니 제형이 모혀 질기실시 감히 드러와 말셕에셔 구경코자ᄒᆞᄂᆞ이다 졔인이 답례후 서로 셩명을 통ᄒ고 안즘애 우치 눈을 드러 보니 여러 좌즁에 운셩과 셜셩이란 재 거만ᄒ여 우치를 보고 릉쇼ᄒ며 졔ᄉᆡᆼ으로 더브러 슈쟉ᄒ거늘 우치 팻심흠을 이긔지 못ᄒᆞ너니 이윽고 쥬반이 나오는 지라 우치 왈 졔형의 ᄉᆞ랑ᄒ심을 닙어진 슈셩찬을 맛보니 만ᄒᆡᆼ이로소이다 셜셩이 쇼왈 우리 비록 빈한ᄒᆞ나 명기와 진찬이 만흐니 뎐형은 처음본든ᄒ리로다 우치 쇼왈 그러ᄒᆞ나 업는 것이 만토다 셜셩 왈 팔진셩찬에 ᄲᅡ진 것이 업거늘 무엇이 미비타ᄒᆞᄂᆞ뇨 우치 왈 우션 션득션득 ᄒᆞᆫ 수박도 업고 시금 달금 ᄒᆞᆫ 포도도 업고

시금시금혼승도도업셔빠진것이무수호거눌엇지다잇다호느뇨제싱이
박쟝대쇼왈이때가계츈이라어이이런실패잇스리오우치왈내오다가본
즉혼곳에나무혼아이잇는듸각식과실이열니지아니혼것이업더라운셜
량인왈연즉형이이제능히싸올쇼냐우치왈만일싸올진댄엇지호랴노뇨
량싱이골으딕형이만일싸오면아둥이납두편비호고만일싸오지못호면
형이만좌즁불기세기를마지리라우치왈락다호고즉시훈동산에가니도
홰만발호여금슈쟝을드리온듯호거놀우치두로완샹호다가쏫훈썰기를
훌터진언을념호니기기이변호야소매에녓코도
라와좌샹에던지니향괴축비호며승도포도수박이낫낫치혜여지거놀졔
싱이일변놀나며일변깃거호여마다닷도아집어구경호며칭찬왈던형
의져조는보던바처음이라호고챵기를명호여술을가득부어권호거놀우

던우치젼권지단

一五

쳐술을 밧아들고 운셜량인을 도라보며 우어 왈 이졔 도사 사람을 업수히 녁일
쇼냐 그러ᄒᆞ나 형등이 임의 사람을 경모ᄒᆞᆫ 죄로 텬벌을 닙엇슬지라 내 ᄯᅩᄒᆞᆫ
말ᄒᆞᆷ이 불가ᄒᆞ다 ᄒᆞ고 눈 운셜량인이 입으로는 비록 슌샤ᄒᆞ는 톄ᄒᆞ나 속으
로 종시 밋지 아니 ᄒᆞ더니 운싱이 맛참 소피ᄒᆞ야 ᄒᆞ고 옷을 글으고 본즉 하문
이 편편ᄒᆞ야 아모 것도 업거ᄂᆞᆯ 대경ᄒᆞ야 왈 이어 이ᄒᆞᆫ 연고로 졸다에 하문이
ᄯᅥ러졋는고 ᄒᆞ고 엇지ᄒᆞᆯ 줄 모르거ᄂᆞᆯ 모다 놀나 본즉 과연 민슝민슝ᄒᆞᆫ지라
대경ᄒᆞ야 연즉 쇼변을 어듸로 보리오 ᄒᆞᆯ 지음에 셜싱이 ᄯᅩᄒᆞᆫ 즈긔의 하문을 만
져 보니 역시 그러ᄒᆞᆫ지라 량인이 경황ᄒᆞ여 서로의 론 왈 뎐형이 앗가 아등을
괴롱ᄒᆞ더니 이러ᄒᆞᆫ 변괴 낫도다 이 물쟝 ᄎᆞᆺ 엇지 ᄒᆞ리오 ᄒᆞᆯ 지음에 챵기 즁에
일고 은 계집의 쇼문이 간 듸 업고 문득 배우에 궁기 낫거ᄂᆞᆯ 망극ᄒᆞ여 아 모리
ᄒᆞᆯ 줄 모르더라 그 즁에 오싱이란 쟈 이 총명이 비샹ᄒᆞ여 지감이 잇더니 문득

새다라 우치에게 비러 왈 아등이 눈이 잇스나 망울이 업셔 션싱끠 득죄호얏스오니 바라건대 용셔호쇼셔 우치 웃고 진언을 념호더니 문득 하늘로셔 실호 뱟이 ᄂ려와 싸에 드리거놀 우치 대호 왈 쳥의 동ᄌ 어듸 잇ᄂ뇨 말이 맛지 못호여 일쌍 동ᄌ 표연이 ᄂ려오ᄂ지라 우치 분부 왈 네 이실을 듯고 하날에 올나가 반도 열기를 싸 오라 불연즉 죄를 당호리라 우치 말을 맛침에 동ᄌ슈명호고 줄을 듯고 공즁에 오르니 졔인이 신긔히 녁여 하ᄂᆯ을 우러러 보니 동ᄌᄂ 눈 듯이 올나 가더니 이윽고 도엽이 분분이 ᄯ러지며 사발만호 붉은 텬도 열기 ᄂ려지되 샹치 아니 호엿거ᄂᆯ 졔싱이 일시에 다라 드러 주어 가지고 서로 ᄉ랑ᄒ능지라 우치 제싱을 난화 주고 왈 졔형과 챵기등의 앗가 엇은 병이 이션과를 먹으면 쾌히 나흐리라 호ᄃᆡ 졔싱과 챵기등이 흔아식 먹은 후며 마다 만져 보니 여젼호지라 모다 샤례 왈 텬션이 하강 호심을 모르고 아등이

던우치젼권지단

一七

무례ᄒ여하마병신이될번ᄒ얏다ᄒ며지극히공경ᄒ니우치ᄀ장존즁ᄒ
뎨ᄒ다가구름에올나동으로가다가쏘ᄒ곳에니르러보니두어사름이서
로닐ㅇ디 초인이어진일을만히ᄒ더니필경이지경에니르니참불샹ᄒ도
다ᄒ고눈물을ᄂ리거놀우치구름에ᄂ려량인을향ᄒ야문왈그디무슴비
챵ᄒ일이잇셔더리슬허ᄒᄂ뇨량인왈이곳호조고직이쟝셰챵이라ᄒᄂ
사름이효셩이지극ᄒ고심지어질어빈곤ᄒ사름도만히구졔ᄒ더니호조
문셔를그릇ᄒ여쓰지아니ᄒ혼은즛이쳔량을무면지민법관이시형에쳐
여오놀오시에힝형ᄒ깃기로즛연비챵흠을금치못ᄒ노라우치말을듯고
잠간눈을들어본죽과연흔쇼년을수래에실고힝형초로나아가고그뒤에
졈은계집이ᄯᅡ라오며우ᄂ지라우치문왈뎌인은뉘뇨답왈죄인의부인
이라ᄒ더니이윽고옥**죨**이죄인을수래에ᄂ리려졔구를차리며시각을기달

이거눌우치죽시몸을흔드러일진쳥풍이되여쟝셰챵과녀ᄌ를거두어가
지고하눌로올나가거눌즁인이일시에말ᄒᆞ디하ᄂᆞᆯ이어진사룸을구ᄒᆞ시
ᄂᆞᆫ도다ᄒᆞ고깃거ᄒᆞ더라이ᄯᅢ감형관이대경ᄒᆞ여급히이연유로샹달ᄒᆞ니
샹과빅관이다놀나시고의심ᄒᆞ시더라챠셜우치집으로도라와본죽량인
의ᄀᆡ싀이엄엄ᄒᆞ거늘급히약을흘녀니흔디이윽고ᄭᅢ여나졍신이황홀ᄒᆞ
여진뎡치못ᄒᆞᆫ지라우치젼후슈말을닐ᄋᆞ니쟝셰챵부뷔고두샤례왈대
인의은혜태산ᄀᆞᆺᄒᆞ니ᄎᆞ싱에엇지다갑흐리잇가우치숀샤ᄒᆞ고집에두니
라일일은우치ᄒᆞᆫ가흠을ᄐᆞ두로구경타가ᄒᆞᆫ곳에니르러는사
룸의슯히우ᄂᆞᆫ소래들니거눌나아가우연고를무르니기인이공숀디왈
나의셩명은한죠경이러니부친의샹ᄉᆞ를당ᄒᆞ야쟝ᄉᆞ지낼길이업고ᄯᅩᄒᆞᆫ
겸ᄒᆞ야일한이여ᄎᆞᄒᆞ온디칠십모친을봉양할도리업셔우노라우치ᄀᆞ쟝

뎐우치젼권지단

一九

뎐우치뎐권지단

불샹이녀겨 소매로셔 흔쪽 ᄌᆞ를내여 주며 왈이쪽ᄌᆞ를집에걸고 고직아부
르면되 답홀것이니은 ᄌᆞ빅량만내라ᄒᆞ면그쪽지소래를응ᄒᆞ야즉시 줄것
이니일로써장ᄉᆞ지내고 그후붓허 ᄡᅥ일ᄒᆞᆫ량식만드리라ᄒᆞ여ᄌᆞ쳔을봉
양ᄒᆞ라만일더 달나ᄒᆞ면큰홰잇스리니 욕심내지말고부듸조심ᄒᆞ라기인
이밋지아니ᄒᆞ나밧은후 샤례왈대인의 존셩을알아지이다ᄒᆞ거놀우치왈
나ᄂᆞᆫ남셤부사름뎐우치로라기인이 빅빅샤례ᄒᆞ고집에도라와쪽ᄌᆞ를걸
고보니아모것도업고큰집ᄒᆞ아를그리고 집속에열쇠가진동ᄌᆞ를그렷거
놀시험ᄒᆞ여 보리라 ᄒᆞ고 고 작 아부르니 그 동지되 답ᄒᆞ고나오는지라 ᄀᆞ장
신긔ᄒᆞ여은ᄌᆞ일빅량을드리라ᄒᆞ니말이맛지못ᄒᆞ여동지은ᄌᆞ일빅량을
압헤놋커눌한ᄌᆞ경이대경대희ᄒᆞ여 그은을팔아부쳔의장ᄉᆞ를지내고미
일은 ᄌᆞ한량식 드리라ᄒᆞ여 일용을쓰니 가산이풍죡ᄒᆞ여 로모를봉양ᄒᆞ며

은혜를잇지못ᄒᆞ더라일일은쓸곳이잇셔혜오디은ᄌᆞ일빅량을닥아쓰면
관계잇스랴ᄒᆞ고젹을부르니동지딕답ᄒᆞ거눌ᄌᆞ경왈내맛춤은을쓸곳
이잇ᄂᆞ니은ᄌᆞ일빅량만몬져쓰게ᄒᆞᆷ이엇더ᄒᆞ뇨고젹이듯지아니ᄒᆞᆫ지
라지삼군쳥ᄒᆞ니고젹이문을열거눌ᄯᅡ라들어가은ᄌᆞ빅량을가지고나오
려ᄒᆞ니발셔문이잠겻는지라대경ᄒᆞ여고젹이를부르니딕답이업는지라
대로ᄒᆞ여문을박차더니이때호조판셔마을에좌긔ᄒᆞᆯ셰고젹이고왈돈녀
흔고에셔사람의소래나니구장괴이ᄒᆞ여이다호판이의심ᄒᆞ여츄종을모
흐고문을열어보니한사람이은을가지고섯거놀고젹등이대경ᄒᆞ여급히
문왈너는엇던놈이완대감히이곳에들어와은을도젹ᄒᆞ여가려ᄒᆞᆫ다한
조경이대로왈너의눈이엇던놈의니실에들어와무례히구눈다밧
비나가라지축ᄒᆞ니고젹이밋쳔놈으로알고잡아다가고ᄒᆞ니호판이분부

뎐우치젼권지단

二一

뎐우치젼권지단

ᄒᆞ되 이 도젹놈을 잡을 나라 ᄒᆞ고 죄ᄒᆞᆯ시 한 ᄌᆞ경이 그졔야 졍신을 ᄎᆞ려 ᄌᆞ셰
히 보니 메집은 아니오 호조 어늘 대경 ᄒᆞ야 이 곳을 왓던 고 이 아니
ᄭᅮᆷ인가 ᄒᆞ더니 호판이 문왈 너는 엇지 ᄒᆞ여 이 완대 감히 어ᄀᆞ에 들어와 도젹
질 ᄒᆞ니 쥭기를 면치 못 ᄒᆞᆯ지라 네 동류를 ᄌᆞ셰이 알외라 ᄒᆞᆫ ᄌᆞ경 왈 쇼인이 집
에 걸닌 쥭ᄌᆞ 속에 들어 가온을 가지고 나오랴 ᄒᆞ더니 이런 변을 당 ᄒᆞ오니 쇼
인도 싱각지 못 ᄒᆞ리 소이다 호판이의 혹 ᄒᆞ여 쥭츌쳐를 무르니 ᄌᆞ경이 젼
후 슈말을 고 ᄒᆞᆫ대 호판이 대경문왈 네어느 ᄯᅢ에 뎐우치를 본다 딕왈 본지 오
사이 나 되엿 누이다 호판이 한 가를 엄슈 ᄒᆞ고 각 고를 됴사 ᄒᆞᆯ시 은 궤를 열고
본즉 은은 업고 쳥긔ᄋᆡ 가득 ᄒᆞ고 ᄯᅩ 돈을 연즉 돈은 업고 누른 빗 암이 가
득ᄒᆞ거늘 호판이 이를 보고 대경 ᄒᆞ여 이연유를 샹달 ᄒᆞ니 샹이 대경 ᄒᆞ샤 졔
신을 모와 의론ᄒᆞ시더니 각 창관원이 알외 대창고의 쌀이 변ᄒᆞ여 버러지 ᄲᅮᆫ

이오쌀은흔셤도업느이다쏘각영쟝신이보ᄒ되고의군긔가변ᄒ야나무
가되엿느이다또궁녜보ᄒ되니뎐에범이들어와궁인을해ᄒ느이다ᄒ거
놀샹이대경ᄒ샤급히궁노슈를발ᄒ여니뎐에들어가보니궁녜마다범ᄒ
아식듯눈지라궁노를발치못ᄒ고이연유를샹쥬ᄒ니샹이더욱대경ᄒ샤
궁녀암질녀쏘라ᄒ시니궁노쉬하교를듯고일시에쏘니혹운이일며범든
궁녜구름에싸이여하놀에올나호호탕탕이허여지는지라샹이초경을보
시고왈이눈다우치의슐법이니이놈을잡아야국개태평ᄒ리라ᄒ시고차
탄ᄒ시더니호판이쥬왈어고에은도젹을슈엄ᄒ얏숩더니이놈이우치의
당류라ᄒ오니죽이샤이다샹이윤허ᄒ심애이에한가를힘ᄒᄒ을시문득광
풍이대작ᄒ며한조경이잔뒤업스니이는뎐우치의구흠이라ᄒᆡᆼ형관이이
대로샹달ᄒ니라초시에우치조경을구ᄒ여뎨집으로보내며왈내그디득

뎐우치젼권지단

二二二

뎐우치젼권지단

려 무엇이라 당부ᄒᆞ더뇨 그 디를 불샹이 녁여 그림을 주엇거놀 그 디 내 말을 듯지 아니ᄒᆞ고 하마 죽을 번ᄒᆞ얏스니 이졔 누를 원ᄒᆞ며 누를 훈ᄒᆞ리오 ᄒᆞ고 뎨 집으로 보내니라 우치 두로 도라 둔녀 ᄒᆞᆫ 곳에 다다라 보니 수문에 방을 붓쳣거놀 심ᄂᆡ에 링쇼ᄒᆞ고 궐문에 나아가 크게 외왈 뎐우치 쟈현ᄒᆞ ᄂᆡ이 다 뎡원에셔 연유를 샹달 ᄒᆞᆫ대 샹이 글 ᄋᆞ샤 디 이놈의 죄를 샤ᄒᆞ고 벼슬을 식 엿다가 만일 쟉란ᄒᆞᆷ이 ᄯᅩ 잇거든 죽이리라 ᄒᆞ시고 즉시 입시ᄒᆞ라 ᄒᆞ시니 우 치 들어와 복디ᄉᆞ은ᄒᆞᆫ 디 샹이 글 ᄋᆞ샤 디 네 죄를 아는다 우치 복디 샤 죄왈 신의 죄만 ᄉᆞ무셕이로소이다 샹왈 내 네 죄를 보니 과연 신긔ᄒᆞᆫ 지라 즁죄를 샤ᄒᆞ고 벼슬을 주노니 너는 진츙보국ᄒᆞ라 ᄒᆞ시고 션젼관에 동ᄉᆞ관겸 ᄉᆞ복 ᄂᆡ승을 ᄒᆞ이시니 우치 샤은슉ᄇᆡᄒᆞ고 하쳐를 뎡ᄒᆞ고 궐ᄂᆡ에 입직 ᄒᆞᆯ 시 힝슈 션젼관이 조ᄉᆞ 보치기를 심히 괴롭게ᄒᆞᄂᆞᆫ 지라 우치 갑흐려 ᄒᆞ더니 일일은

션젼이 퇴질을 츠례로흘셰 우치 조사례를 당흠애 가만히 망두셕을 빠혀다
가 퇴를 맛치니 션젼들이 손바닥이 맛치여 앏하 능히 치지 못ᄒ고 닷치더라
이러구러 수삭이 됨애 션젼들이 모다 하인을 쓰지 져허 참을 츅ᄒ라ᄒ니
하인들이 연유를 고ᄒᆞᆫ디 우치 왈 나ᄂᆞᆫ 괴로옴 겻기 더게 민망ᄒ나 명일에 빅사
쟝으로 졔 진ᄒᄀ라 셔원이 픔 되즈고 허 참을 젹게ᄒ랴 도 수빅 금이
드오니 스오일을 슉셜ᄒ와 야 차리이 다 우치 왈 내 발셔 준비 흠이 잇스니
너ᄂᆞᆫ 잡말 말고 기문입시ᄒ여 하인들을 ᄃᆡ령ᄒ고 각쳐에 지휘
셔로의 론 왈 우치 비록 능ᄒ나 이 일 스에ᄂᆞᆫ 밋지 못ᄒ리라ᄒ고 모 던 하인이 빅사쟝
ᄒ여 명일 평명에 빅사쟝으로 졔 진ᄒ게 ᄒ니라 ᄒ여 잇ᄃᆞᆫ 날 모 던 하인이 빅사 쟝
에 모히니 구름 차일은 반공에 소사 잇고 포진과 슈셕 금병이 눈에 휘황찬란
ᄒ며 풍악이 진 던 ᄒ여 수십 간 씀 집을 짓고 일등 슉슈 이십명이 압헤 안 반을

던우치젼권지단

二五

노코음식을작만ᄒ니 그풍비흠은금셰에업슬너라 날이붉음애 션젼관소
오인이일시에 쥰춍을 트고나오니 포진이극히화려ᄒ지라 ᄎ례로좌뎡ᄒᆷ
애오음류률늘굿초와 풍악을 진쥬ᄒ니 묽은소래반공에어리엿더라각각
샹을드리고 잔을 놀녀 술이반감에우치고왈 조새일죽 호협방탕ᄒ여쥬샤
쳥루에 돈녀 아는 챵기만ᄒ니 오날노리에 졔집이업셔 ᄀ장무미ᄒ니 조새
나아가졔집을다려오리이다 ᄎ시에졔인이 모다 반취ᄒ얏는지라 더마다
깃거왈 면조새이러 듯호긔 잇는 줄낫더니 오날보건댄 가이오입장이로
다 우치하인을 다리고 눈 듯이 남문으로 들어가더니 오리지아니ᄒ여 무
수훈계집을 다려다가 쟝밧게두고 큰샹을 물니고 ᄯ 샹을드리니 슈륙진찬
이셩비ᄒ며 풍악이훤련훈 즁우치 왈 이졔 계집을 다려왓스니 각각 ᄒ아
식슈쳥ᄒ여 흥을도음이 가ᄒ니이다 ᄒ티 졔인이 ᄀ쟝깃거ᄒ니 우치훈계

집을불너몬저힝슈압헤안치고왓너는떠나지말고슈쳥을잘ᄒ라ᄒ고 초례로혼아식불너안치는대졔인이각각계집을안치고보니다졔인의 안해러라놀납고분ᄒ나서로알가져어ᄒ며아모말도못ᄒ고대로ᄒ여모다상을 물니고각기물을듯고집으로도라와보니노복이혹할상ᄒ고통곡ᄒ며 집안이쇼요ᄒ틴도잇셔경괴ᄒ여문왈부인이어느ᄯ에에기계ᄒ셧느뇨시 비더왈오리지아니ᄒ다ᄒ거놀제인이경의ᄒ며그즁에김션젼이란쟈는 집에도라오니노복이발상ᄒ고울거놀뭇고자ᄒ더니모든노복이쥬인을 반겨왓부인이의복을말으시더니지금회싱ᄒ엿ᄂ이다ᄒ거놀김션젼이대로ᄒ여빅사쟝노름에참여ᄒ러왓기로내분ᄒ여갤니도라옴이여늘네엇지나를속이려ᄒ는다ᄒ고분긔를참지못ᄒ여왈이몹쓸쳐지량가문호를도라보지안코이런히참혼일을ᄒ되

던우치젼권지단

二七

젼혀몰낫스니엇지통히치아니리오ᄒᆞ며분괴돌돌ᄒᆞ여죽어모르고자ᄒᆞ
다가진위를알녀ᄒᆞ여들어가본즉부인이과연죽엇다가대엿거놀부인이
니러나비로소김션젼을보고왓내ᄒᆞᆫ숨을쉬니ᄒᆞᆫ곳에갓즉대연을빅셜ᄒᆞ
고모든션젼관이렬좌ᄒᆞ고날굿흔로쇼부인이모엿는대ᄒᆞ사름이굴으디
기싱을다려왓다ᄒᆞ니ᄒᆞ아식압헤안치고슈쳥케ᄒᆞ눈디나ᄂᆞᆫ가군의압헤
안치기로묵연이안졋더니좌즁졔긱이다불호ᄒᆞ여노식을씌웟더니가군
이몬져니러나며졔인이ᄯ호각각흣지ᄂᆞᆫ바람에내숨을대엿노라ᄒᆞ거놀
김션젼이부인의말을듯고흘말이업ᄂᆞᆫ즁가장의혹ᄒᆞ여일에여러동관
으로더브러작일빅사장노름의창기말과각부인의혼결ᄒᆞ던일을젼ᄒᆞ
여왈이ᄂᆞᆫ반다시뎐우치의요슐로우리등에게욕을뵈임이라ᄒᆞ더라 추시
함경도가달산에흔도젹이잇셔지물을노략ᄒᆞ며인민을살해ᄒᆞᆷ애본읍원

二八

이 관군을 발ᄒᆞ여 잡으려 ᄒᆞ되 능히 잡지 못ᄒᆞ고 나라에 쟝계ᄒᆞ되 샹이 크게
근심ᄒᆞ샤 죠뎡에 젼지ᄒᆞ샤 파젹지계를 론ᄒᆞ라 ᄒᆞ시니 우치 쥬왈 도젹의
형셰 심히 크다 ᄒᆞ오니 신이 홀로 나아가 젹셰를 보온 후 잡을 묘칙을 뎡ᄒᆞ리
이다 샹이 대희 ᄒᆞ샤 어쥬를 주시며 인검을 주샤 왈 젹셰 호대ᄒᆞ거던 이 칼로
스졸을 호령ᄒᆞ라 ᄒᆞ시니 우치샤은ᄒᆞ고 믈너 나와 즉시 말게 올나 쟝졸을 거
ᄂᆞ리고 여러 날만에 가달산 근쳐에 다다라 보니 큰 산이 하ᄂᆞᆯ에 다은 듯ᄒᆞ고
슈목이 춍잡ᄒᆞ며 긔암괴셕이 즁즁ᄒᆞ니 ᄀᆞ쟝 험악혼 지라 우치 군ᄉᆞ를 산하
에 머무르고 스스로 하샤 ᄒᆞ신 인검을 가지고 몸을 흔드러 변ᄒᆞ여 솔개 되여
가달산을 바라고 가니라 원리 가달산 즁 수쳔 명 젹당 즁에 흔 괴쉬 잇스니 셩
은 엄이오 명은 쥰이라 용밍이 졀륜ᄒᆞ고 무예 츌즁ᄒᆞ더라 이 ᄯᅢ 우치 공즁에
셔 두루 ᄉᆞᆯ피더니 엄쥰이 엄연히 홍일산을 밧고 쳔리 빅춍마를 두고 치의 홍

던우치젼 권지 단

二九

상흔시녀를좌우에벌니고죵조빅여인을거느리고바야흐로산양을ᄒ
놀우치조셰히숨혀보니괴골이장대ᄒ고신쟝이팔쳑이오낫빗이붉고눈
이방울굿ᄒ며슈염은바늘을뭇거세운듯ᄒ니곳일디걸물이러라엄쥰이
츄죵들을거ᄂ리고이골뎌골로ᄒᆫ바탕산양ᄒ다가분부ᄒ되오날은각쳐
갓던쟝슈들이다올것이니맛당히소열필만잡고잔치ᄒ리라ᄒᆞ는소래쇠
북을울님굿더라초시우치일제를싱각ᄒ고나무입을훌터신병을만들어
창검을들니고긔치물별여진을닐우고머리에쌍봉투구를쓰고몸에황금
쇄조갑에황라젼포를쎠닙고쳔리오츄마를트고손에쳥샤량인도를들고
지쳐들어가니셩문을굿게다닷거ᄂ우치문열니는진언을념ᄒ니문이절
로열니는지라들어가며좌우를숨혀보니쟝려ᄒᆫ집이두루벌엿고소쳐챵
고에미곡이가득ᄒ며초초젼진ᄒ야ᄒᆞᆫ곳에니르니뎐각이굉쟝ᄒ여됴란

화둥이 반공에 소삿거늘 우치 이윽히 보다가 몸을 변ᄒ여 솔키 되여 누라들
어가 보니 웃듬도 젹이 황금교즈에 놉히 안고 좌우에 제쟝을 추례로 안치고
크게 잔치ᄒ며 그 뒤에 대쳥이 잇스니 미녀 수빅인이 텰좌ᄒ여 상을 밧앗거
놀 우치 눈양을 보려ᄒ고 진언을 념ᄒ니 무수ᄒ 슈리 느려와 모든 쟝슈의
상을 거둣쳐 가지고 즁턴에 놉히 쩌올으며 광풍이 대작ᄒ여 눈을 뜨지 못ᄒ
고 그러ᄒ운 문챠 일과 슈노ᄒ 병풍이 무여져 공즁으로 느라가니 엄쥰이 졍
신을 진뎡치 못ᄒ여 쓸아래 나무 등걸을 붓들고 모든 군시 차반을 들고 표풍
ᄒ여 구을 더라 우치ᄒ 바탕 속이고 이에 바람을 거두며 아스온 음식을 가지
고 산하에 느려와 쟝졸을 난화 먹이고 그 곳에서 자니 라 이 때 바람이 앗침애
엄쥰과 제쟝이 비로소 졍신을 추려 보니 그런 만은 음식이 ᄒ나도 업거놀 엄
쥰이 ᄀ쟝 괴이히 녁이더라 익일 평명에 우치 다시 산즁에 들어 가 갑쥬를 ᄀᆺ

뎐우치젼 권지단

초고문젼에 니르러 대호왈 반젹은 밧비 나와 내 칼을 밧으라 ᄒᆞ니 슈문ᄒᆞ던 군ᄉᆡ 급히 보ᄒᆞᆫ 디 엄쥰이 대경ᄒᆞ여 급히 쟝졸을 거ᄂᆞ리고 문밧게 나와 진을 벌이고 엄쥰이 휘검츌마왈 너 엇던 쟝슈완ᄃᆡ 감히 와 싸호고쟈 ᄒᆞᄂᆞ다 우치왈 나는 젼교를 밧자와 너의 목을 잡으려 왓스니 내 셩명은 뎐우치로라 엄쥰왈 나는 엄쥰이니 네 능히 나를 며 당홀다 ᄒᆞ고 다라드니 우치 마자 싸홀 시 량인의 지죄 신긔ᄒᆞ여 밋회 밥을 닷ᄒᆞᄂᆞᆫ 듯 쳥황룡이 여의쥬를 닷ᄒᆞᄂᆞᆫ 듯 량인의 졍신이 싹싹ᄒᆞ여 시로 붓허 진시에 니르도록 승뷔 업ᄉᆞᆯ 진에셔 징을 쳐 군을 거두니 졔쟝이 엄쥰을 보고 치하왈 일텬변을 맛나 무음이 놀낫스되 오날 범 곳흔 쟝슈를 능녁 ᄒᆞ시니 하늘이 도으심이라 그러나 젹쟝의 용밍이 졀륜ᄒᆞ니 가히 경뎍지 못ᄒᆞ리이다 엄쥰이 쇼왈 젹쟝이 비록 용밍ᄒᆞ나 내 엇지 뎌를 두리리오 명일은 결단코 우치를 버히고 바로 경셩으로 향ᄒᆞ리라 호고 익일에 진문을 대기 호고 엄쥰이 대호왈 뎐우치는 셜니나와 내 칼을 밧으라 오날은 밍셔코 너를 버히리라 호고 쟝검츌마 호여 좌우 치빙 호니 우치 대노 호여 물을 내모라 칼츔 추며 죽취 엄쥰 호여 교봉 삼십여 합에 적쟝의 창이 번기 굿흔지라 우치 무예로 이기지 못홀 줄 알고 몸을 흔드러 변 호여 몸은 공즁에 올으고 거짓 몸이 엄쥰을 디뎍 훌시 문득 대민 왈 내 평싱에 싱살을 아니려 호다가 이제 너를 죽이리라 호더니 다시 싱각왈 이 놈을 싱금 호여 만일 슌죵 호면 죄를 샤 호여 량민을 문들고 불연죽 죽여 후환을 업시 호리라 호고 공즁에 칼을 번득이며 대호왈 적쟝 엄쥰은 나의 직조를 보라 호니 엄쥰 이 대경 호여 하 날을 치어다 보니 혼 쪠 구름 속에 우치의 검광이 번기 굿거 날 대경실식 호여 급히 본진 으로 도라오더니 압흐로 우치 칼을 들어 길을 막고 또 뒤흐로 우치 싸르고 좌우로 우치 칼을 들어 짓쳐 오고 또 머리 우흐로 우치

물을 듯고 춤추며 엄쥰을 범흠이 급흔지라 엄쥰이 졍신이 아득ᄒ여 물게셜
어지니 우치그제야 구름에셔 ᄂ려거짓우치를 두고 군ᄉ를 호령ᄒ여 엄
쥰을 결박ᄒ여 본진으로 보내고 적진을 엄살ᄒ니 적진장졸이 엄쥰의 잡혀
감을 보고 싸홀듯이 업셔 손을 묵거 살거지라 ᄒ거늘 우치일인도 샹치아니
코 ᄉᆔ지져 왈 녀등이 도젹을 조차 갑읍을 노략ᄒ고 ᄇᆡᆨ셩을 살해ᄒ니 그 죄 비
경흔지라 ᄃᆡ특별이 죄를 샤ᄒ노니 녀등은 각각 고향에 도라가 농업을 힘쓰고
가산을 다ᄉ려 량민이 되라 흔ᄃᆡ 모든 쟝졸이 고두샤 은호고 힝장을 슈습ᄒ
여 일시에 훗허지니 라 우치 엄쥰의 ᄂᆡ실에 들어 가니 록의 홍샹흔 시녀와 가
인이 슈 ᄇᆡᆨ명이라 각각 ᄃᆡ집으로 보내고 본진에 도라와 쟝ᄃᆡ에 놉히 안고 좌
우를 호령ᄒ여 엄쥰을 계하에 ᄭᅮᆯ니고 려셩ᄃᆡ미왈 네 지조와 용밍이 잇거든
맛당이 진츙보국ᄒ여 후셰에 일홈을 젼흠이 올커늘 감히 역심을 픔고 산젹

이되여지물을 노략ᄒ여인민을살해ᄒ니맛당이삼쪽을멸할지라엇지잠
시나용디ᄒ리오ᄒ고무ᄉ를호령ᄒ여원문밧게참ᄒ라ᄒ니엄쥰이슬히비
러왈쇼장의죄샹은만ᄉ무셕이오나쟝군의하ᄒ긋흐신덕으로잔명을살
오시면맛당히허물을곳치고쟝군의휘하에조치리이다ᄒ며뉘우치눈
물이비오듯ᄒ야진졍이거죽에들어나우치침음반향에왈네실로회
과쳔션ᄒ면죄를샤ᄒ리라ᄒ고무ᄉ를분부ᄒ여맨것을글으고위로ᄒ후
신병을파ᄒ고쳡셔를다가올ᄂᆡ후산치를불질으고쥭시발힝할시엄쥰이
임의산치를불질으고ᄯ오위익고우치의지조를항복ᄒ여은혜를샤례
ᄒ고고향에도라가량민이되니라우치궐하에나아가복디훈디샹이인견
ᄒ시고파적훈셜화를듯시고칭찬ᄒ시며샹을후이주시니우치턴은을
감츅ᄒ여집에도라와모친을뵈옵고샹ᄉᄒ신물건을드리니부인이감츅

뎐우치젼권지단

三五

ᄒ여ᄒ더라우치경셩에도라온후죠뎡빅관이다우치를보고셩공홈을치하ᄒ되션젼관은ᄒ사름도온재업스니이는젼일노리에부인들을욕빈허물이러라우치짐쟈ᄒ고다시속이려ᄒ더니일일은월식이죠요홈을드오운을듯고황건력소와리미망량을다모흐고신쟝을명ᄒ여모든션젼관을잡아오라ᄒ니오리지아니ᄒ여잡아왓거놀우치구름교의에놉히안고좌우에신쟝이벌어셔셔등축이휘황ᄒ되황건력소와리미망량이각각일인식잡아드리거놀모든션젼관이셜며싸에업듸여치여다보니우치구름교의에단좌ᄒ고좌우에신쟝이라뎔ᄒ엿고등축이휘황훈중위풍이름름ᄒ더라믄득우치대갈왈내너의들의교만ᄒ버릇을즁계ᄒ려ᄒ여젼일녀등의부인을잠잔욕되게ᄒ엿스나극훈죄업거놀엇치이럿듯함혐ᄒ여아즉도산체ᄒ니내너의를다잡아풍도로보내리라내밤이면던상벼술에다소

호고 낫이면 국가에 쥼임이 잇셔 지금것 쳔연호더니 이제 너의를 잡아 옴은
틴옥에 보내여 만모흔 죄를 쇽호려 홈이로라 고력소로 호여 곳모라내라
호니 모다 텽령호고 다라들거늘 우치 다시 분부 왈 너의 눈이 죄인을 압령호
여 링옥에 가두고 법왕쎅 쥬호여 이 죄인들을 디옥에 가두고 팔만겁이 지내
거든 업츅을 믄들어 보내라 호는지라 모든 션젼관이 경황호중 츠언을 들으
니 혼비빅산호여 빌어왈 등이 암민호여 그릇 대죄를 범호엿소오니 바라
건대 죄를샤호시면 다시 허물을 곳 치리이다 우치 량구에 왈 내 너를 풍도
로 보내여 루쳔년이 지나도록 인셰에 나지 못호게 호엿더니 젼일 안면을 고
념호여 아즉 노와 보내 누니 후일 다시 보와 쳐치호리라 호고 모다 내치거늘
이 째 션젼관이 다르니 흔쑴이라 졍신을 진뎡치 못호여 쌈이 흘으고 십
혼이요 호더라 일일은 션젼관이 모다 젼일 몽亽를 말호니 다 흔갈굿혼지

뎐우치젼권지단
三七

전우치전권지단

라 이럼으로 그후로는 우치 디 졉ᄒ기를 각별이 ᄒ더라 이ᄯᅢ 샹이 호판에게
무러 골오ᄉᆞ디 젼일 호조의 은이 변ᄒ엿다 ᄒ더니 엇지 된고 디 왈 지금 것 변
ᄒ여 잇ᄂ이다 샹이 ᄯᅩ 창고 룰 무르시니 다 변ᄒᆞᆫ디로 잇ᄂ거ᄂᆞᆯ 샹이
근심ᄒ시더니 우치 쥬왈 신이 원컨대 창고와 어고 룰 가 보옵고 오리이다 ᄒᆞᆫ
디 샹이 허ᄒ시니 우치 호판을 ᄯᅡ라 호조에 니르러 문을 열고 보니 은이 녜와
긋거ᄂᆞᆯ 호판이 대경 왈 내 작일에 도보고 앗가 도 변ᄒᆞᆷ을 보앗거ᄂᆞᆯ 지금은 은
으로 보이니 가장 괴이ᄒ도다 ᄒ고 창고에 가 문을 열고 보니 쌀이 여젼 ᄒ고
창검기계다여젼ᄒ여 조금도 변ᄒᆞᆫ빈 업스니 모다 놀나고 신긔히 녁이더라
우치 두루 숣혀 보고 궐니에 들어 가 이디로 샹달 ᄒ니 샹이 들으시고 깃거 ᄒ
시더라 ᄎ시 간의 태위 샹쥬왈 호셔ᄯᅡ에 소 십명이 둔취ᄒ여 찬역 ᄒᆞᆯ 일을
의론ᄒ여 불구에 긔병ᄒ리라 ᄒ고 ᄉᆡ 문셔를 가지고 신에게 잇소오니 그

三八

고쟈를 가두고 스연을 쥬ᄒᆞ느이다 샹이 탄왈과 인이 박덕ᄒᆞ여쳐에 도적
이 니러나니 엇지 훈심치 아니리오 ᄒᆞ시며 금부와 포쳥으로 잡으라 ᄒᆞ시니
불구에 적당을 잡앗거 놀 샹이 쳔국ᄒᆞ실시 그 즁 훈 놈이 쥬왈 션젼관 뎐우치
지 죄과 인ᄒᆞ기로 선등이 우치로 임금을 삼아 만민을 평안ᄒᆞ려 ᄒᆞ더니 명텬
이 불우ᄒᆞ샤 발각ᄒᆞ엿스오니 죄 수 무셕이로소이다 이ᄯᅢ 우치 문 소랑쳥으
로 시위ᄒᆞ여 잇더니 불의에 일흠이 역도의 효 소에 나는지라 샹이 대로 ᄒᆞ샤
왈 우치 모역흠을 집쟉 ᄒᆞ되 나 죵을 보려 ᄒᆞ엿더니 이제 발각 ᄒᆞ엿스니 셜니
잡아오라 ᄒᆞ시니 라 졸이 슈명ᄒᆞ고 일시에 다라들어 관디를 벗기고 옥계하
에 ᄭᅮᆯ니니 샹이 진노ᄒᆞ샤 형들에 올녀 매고 수죄ᄒᆞ샤 왈 네 젼일 나라를 속이
고 도쳐마다 작란흠도 용셔치 못ᄒᆞᆯ빅어 놀이제 ᄯᅩ 역률에 들엇스니 발명ᄒᆞ
나 엇지 면ᄒᆞ리오 ᄒᆞ시고 라 졸을 호령ᄒᆞ샤 한매에 죽이라 ᄒᆞ시니 집쟝과라

뎐우치젼권지단

三九

뎐우치젼권지단

졸이 힘것치나 능히 쏘 매를 드지 못ᄒ고 팔이 압하 치지 못ᄒ거ᄂᆞᆯ 우치 알외 되 신이 젼일 죄샹은 죽어 맛당ᄒ오나 금일 이일은 만만 의미ᄒ오니 용셔ᄒ옵쇼셔 ᄒ고 심즁에 혜오디 쥬샹이 필경 용셔치 아니시리라 ᄒ고 다시 쥬왈 신이 이졔 죽ᄉᆞ올진댄 평싱에 비호 쟈조를 셰샹에 젼치 못ᄒᆞ올지라 다ᄒᆞ에 도라가나 원혼이 되리니 복원 셩샹은 원을 풀게 ᄒᆞ옵쇼셔 샹이 혜아리시 디 이놈이 재조 능ᄒ다 ᄒ니 시험ᄒ여 보리라 ᄒ시고 골ᄋᆞ샤디 네 무슴 능흠 이 잇관디 이리 보치ᄂᆞ뇨 우치 쥬왈 신이 본시 그림 그리기를 잘ᄒ니 남글 그리면 남기 졈졈 자라고 즘싱을 그리면 즘싱이 걸어 가고 산을 그리면 초목이 나셔 자라 옴애 이런 그림을 젼치 못ᄒᆞ옵고 죽ᄉᆞ오 면 엇지 원통치 아니리잇고 샹이 가만이 싱각ᄒ시디 이놈을 죽이면 원혼이 되여 괴로옴이 잇슬가 ᄒ여 즉시 맨 것을 글너 주시고 지필을 ᄂᆞ리샤 원을 풀

四〇

나ᄒ시니우치지필을빗자와산슈를그리니쳔봉만학과만장폭퍼산샹으
로조차산밧그로흘으게그리고시내가에버들을그려가지가지느러지게
그리고그밋헤안장지은나귀를그리고붓을더진후샤은흔티샹이문왈너
눈방금죽을놈이라이제샤은홈은무슷이뇨우치쥬왈신이이제폐하를
하직ᄒ옵고산림에들어여년을맛고자ᄒ와쥬ᄒ누이다ᄒ고나귀등에올
나산동구에들어가더니이윽고간티업거놀샹이대경ᄒ샤왈내이놈의쇠
에ᄯᅩ속앗스니이를엇지ᄒ리오ᄒ시고그죄인들은내여버히라ᄒ시고쳔
국을파ᄒ시니라츠셜우치죠뎡에잇슬때에미양리부샹셔왕연희조괴를
싀긔ᄒ여코자ᄒ더니초일쳔국시에샹썩참쇼ᄒ여죽이려ᄒ거놀우치
몸을변ᄒ여왕연희뢰여슈죵을거느리고바로왕연희집에가니연희컬닉
에셔나오지아니ᄒ엿거놀이에닉당에들어가잇더니일모흘때왕공이도

뎐우치젼권지단

四一

라 옴애 부인과 시비 등이 막지기고 ᄒᆞ거놀 우치 왈 이 는 천년 된 여회 변ᄒᆞ여
내 얼골이 되여 왓스니 이는 변괴로다 ᄒᆞ니 왕연회 왈 엇던 놈이 내 얼골이 되
여 내 집에 잇는 다 ᄒᆞ고 소래를 벽력 ᄀᆞ치 지르거놀 우치 즉시 하리를 명ᄒᆞ여
팅슈 일과 개 피 혼 사발을 가져 오라 ᄒᆞ니 즉시 가져 왓거놀 우치 연회를 향
ᄒᆞ여 혼 번 ᄲᅮᆷ고 진언을 념ᄒᆞ니 왕연회 문득 변ᄒᆞ여 쇠리 아홉 가진 여회 되는
지라 노복 등이 그제야 갈과 몽치를 가지고 다라 들거놀 우치 말유 왈 이 일은
우리 집 큰 변괴 니 궐니에 들어 가 알외고 쳐치 ᄒᆞ리라 ᄒᆞ고 아 즉 단단이 묵거
방즁에 가두라 ᄒᆞ니 노복이 텅령 ᄒᆞ고 네 굽을 동혀 방에 가두 아 슈직 ᄒᆞ더라
왕공이 불의 지변을 맛 나 말을 ᄒᆞ려 ᄒᆞ여 도 여호 소래 처럼 나 고 졍신이 아득
ᄒᆞ여 괴운이 식진 ᄒᆞ니 아 모리 흘 줄 모르고 눈물 만 흘니 더니 우치 셩각ᄒᆞ되
소 오 일 만 속이면 목 숨이 ᄭᅳᆫ 칠 가 ᄒᆞ여 초야에 우치 왕공 가 둔 방에 니르러 보

니 스지를 둥혀 구러졋거늘 우치 왈 연희야 녜 날과 평일에 원쉬 업거늘 굿ㅎ
여 나를 해ㅎ려 ㅎ나 놀이 죽이려 ㅎ시면 죽으려니와 그럿치 아니면 죽지
아니ㅎ리니 네 미혹ㅎ여 나라에 참쇼ㅎ고 독총ㅎ기로 내 너를 혼 칼로 죽
여 혼을 셜ㅎ 것이로되 내 평싱에 살성 아니 ㅎ기로 너를 용셔ㅎ 니 일후 만
일 어젼에셔 나를 향ㅎ야 무숨 말솜 ㅎ시거든 일업게 ㅎ라 ㅎ 니 일후 만
니 왕연희의 구ㅎ 지라 연희 발셔 우치 인 줄 알고 황겁ㅎ여 지비 왈 뎐공의 지
조는 셰상에 업는지라 내 삼가 교훈을 불망ㅎ리이다 ㅎ고 무수히 샤례ㅎ 더
라 우치 왈 내 그디를 구ㅎ고 가느니 내 도라 간 후 집안이 쇼요ㅎ리니 여ㅊ
여ㅊ ㅎ고 잇스라 ㅎ고 구름에 올나 남싸ㅎ로 가니라 초 셜왕공이 혜오디 우치
의 술법이 셰상에 희한ㅎ 니 짐줏 사름을 희롱ㅎ미 오 살해 논 아니 ㅎ도다 ㅎ
고 즉시 노복을 불너 요정을 슈셕ㅎ라 ㅎ 니 노복 등이 방에 가 보니 잔 티 업거

뎐우치젼편지단

四三

던우치젼권지단

놀대경호여이대로고호딕공이양노왈녀등이소홀호여일로다호고쏙지
져물니쳐나라이적에우치집에도라와한가이둔니더니호곳에니르러보
니쇼년들이혼쪽조를가지고닷토아보며칭찬왈이쪽조그림은텬하에짝
업논명화라호거놀우치그림을보니미인도그리고으히도잇셔희롱호는
모양이로딕입으로말은못호나눈으로보는듯호니싱긔유동혼지라모든
쇼년들이보고흠앙홈을마지아니호거놀우치일계를싱각호고우어왈군
등이여그림을명화라기리니무숨명화뇨그즁에오싱이란재답왈그딕논
눈이놉하그러호거니와물식을모르는도다이쪽조그림이사름을보고웃
눈듯호니이런명화논텬하에업슬가호노라우치대쇼왈이쪽조갑이얼마
나호뇨답왈갑인즉오십량이니그림갑은그림분수보담젹다호거놀
우치왈내게도쪽조혼아이잇스니그딕들은구경호라호고소매로셔쪽조

혼아를 내여 노으니 모다 보건대 역시 혼낫 미인이도라 인물이 ᄀ장 아름답고 록의 홍샹을 졍졔ᄒ엿시니 옥모 화용이 진즛 경국지식이라 그 미인이 류리 병을 들엇스니 ᄀ장 신긔롭고 묘ᄒ더라 졔인이 보고 칭찬ᄒ여 왈 이 죡ᄌ가 더욱 됴ᄒ니 우리 죡ᄌ보답 낫도다 ᄒᄂᆫ지라 우치 왈 내 죡ᄌ의 화려흠도 사 름의 이목을 놀내려 와 이 즁에 ᄒᆞᆼ 더 묘ᄒᆫ 곳을 구경케 ᄒ리라 ᄒ고 가만 이 불으되 쥬션낭은 어듸 잇ᄂ뇨 ᄒ더니 믄득 죡ᄌ 속의 미인이 듸답ᄒ고 나 아 오거늘 우치 왈 미낭은 모든 샹공ᄭᅦ 술을 부어 드리라 션낭이 응답ᄒ고 벽 옥비에 쳥쥬를 가득 부어 드리니 우치 몬져 밧아 마심애 동지 맛츰 샹을 올니 거늘 쥬를 먹은 후 련ᄒ여 초례로 드리니 졔인이 밧아 먹은즉 맛이 ᄀ장 쳥 렬ᄒ지라 졔인이 각각 일빈 쥬를 파ᄒ후 쥬션낭이 동ᄌ를 다리고 샹과 술병 을 거두어 가지고 죡ᄌ 그림이 도로 되니 졔인이 대경 왈 이는 신션이오 조화

던우치젼권지단

四五

도아니라이런희한한그림은쳔고에듯지도못ᄒ고보던바처음이라ᄒ고
기리기를마지안터니그즁에오셩이란재굴으되내아모려나ᄒ번시험ᄒ
여보리라ᄒ고우치에게쳥ᄒ여왈아등이술이낫브니쥬션낭을다시쳥ᄒ
여ᄒ잔식더먹게ᄒ미엇더ᄒ뇨우치허락ᄒ거놀오셩이가만이부르되쥬
션낭아아등이술이낫브니더먹기를쳥ᄒ노라ᄒ니문득션낭이술병을들
고나오고동즈눈상을가지고나오니제인이조셰이보니그림이화ᄒ여사
롬이되여병을기우려잔에가득부어드리거놀밧아마신즉향긔입에가득
ᄒ고맛이긔이ᄒ지라제인이ᄯ도ᄒ잔식마시니술이ᄀ장취ᄒ는지라졔셩
이샤례왈아등이오늘날존공을맛나션쥬를먹으니다ᄒᆡᆼᄒ거니와ᄯ또ᄒ묘
ᄒ일을만히보오니신통ᄒ미야엇지측량ᄒ리오우치왈그림의술을먹고
엇지샤례ᄒ리오오셩왈그족즈를내가지고자ᄒ노니팔고자ᄒ는다우치

왈 내가 진지 오린지라 그러나 졍이 욕심내는 재 잇스면 팔녀ᄒ노라 오싱왈
연즉 갑이 얼마나 되ᄂ뇨 우치 왈 슐병이 던 샹의 쥬쳔을 응ᄒ엿기로 슐이 일
시도 업지 아냐 유쥬영준ᄒ니 이럼으로 극흔 보비라 은즈 일쳔량을 밧고자
ᄒ나 오히려 헐ᄒ다 ᄒ노라 오싱 왈 내게 루 만 금이 잇스나 이런 보비는 쳐음
보는 비라 원컨대 형은 내집에 가 수일만 머믈면 일쳔금을 주리라 우치 죽
믈 거두어 가지고 오싱의 집으로 가니 졔인이 대취ᄒ여 각각 흣허지니라 우
치 죽 ᄌ 믈 오싱에게 젼ᄒ고 왈 내 명일 도라올 것이니 갑을 준비ᄒ여 두라 ᄒ
고 가니라 오싱이 슐이대취ᄒ여 죽ᄌ믈 가지고 외당에 들어가 다시 시험ᄒ
려ᄒ고 죽ᄌ믈 벽샹에 걸고 보니 션낭이 병을 들고 섯거늘 싱이 가만이 션낭
을 붓너 슐을 쳥ᄒ니 션낭과 동지 나아와 슐을 쳐 권ᄒ거늘 싱이 그 은틱 도
믈 보고 ᄉ랑ᄒ여 이에 옥슈를 잇글어 무릅우헤 안치고 슐을 밧아 마신 후 슌

뎐우치젼권지단
四七

졍울이괴지못ᄒ여침셕에나아가자ᄒ더니문득문을열고급히들어오는녜지잇스니이는싱의쳐민시라그위인이투긔에눈션봉이오시암에는대쟝이라싱이어거치못ᄒ더니금일싱이션낭을안고잇슴을보고대노ᄒ여급히다라드니션낭이니러죡ᄌ로들어가거놀민시더욱대노ᄒ여드러죡ᄌ물갈이ᄣ져브리니싱이대경ᄒ여민시를쑤지질즈음에우치와부르거놀오싱이나와마져례필후젼후슈말을ᄌ셰이고ᄒ니우치즉시몸을흔드러거즛몸은오싱과슈쟉ᄒ고졍몸은곳안으로들어가민시를향ᄒ여진언을념ᄒ니믄득민시변ᄒ여대망이되여방에가득ᄒ게ᄒ고가만이나와거즛몸을거두고졍몸을현츌ᄒ여오싱ᄃ려왈이졔형의부인이나의죡ᄌ물업새엿스니갑을엇지ᄒ려ᄒ느뇨오싱왈이는나의죄라엇지갑을아니내리오맛당이한을ᄒ여주시면진시갑흐리이다우치왈그러나

딕 집에 큰변피 잇스니 들어가 보라 오싱이 경아ᄒ여 안방에 들어와 보니문 득 금빗 굿흔 대망이 두눈을 쑴젹이며 상밋헤 업딕엿거 놀싱이 대경실석ᄒ여 급히 내다라 우치를 보고 왈 방즁에 흉악흔 즘싱이 잇슴애 처죽이려 ᄒ노 라 우치 왈 그 요괴를 죽이던 못ᄒ리라 만일 죽이면 큰 화를 당홀 것이니 내게 흔 부작이 잇스니 그 부작을 허리에 붓치면 금야에 즈연 슬어지리라 ᄒ고 소매로셔 부작을 내여 가지고 방안에 들어가 대망의 허리에 붓치고 나아 와 오 싱드려 왈 이 곳에 경문 외이는 재잇나뇨 오싱이 딕왈 이 곳에 눈 업나이다 우 치 왈 그러면 방문을 열고 보지 말라 당부ᄒ고 즉시 거줏 민시 흔 아 ᄅᆞᆯ 문 들어 닉 당에 두고 도라가 싱이 우치를 보내고 닉 당에 들어오니 민시 금금에 싸여 누엇거 놀 싱이 왈 우리 집에 여러 쳔년 묵은 요괴 그 딕 얼골이 되여 외당에 나와 신션의 죡즈를 찌져 ᄇᆞ림으로 앗가 그 신션이 대망을 스스로 녹을 부작

뎐우치젼권지단

四九

전우치전권지단

울허리에매고갓스니쭉즈갑을엇지ᄒᆞ리오ᄒᆞ고 근심ᄒᆞ더라익일우치도
라와방문을열고보니민시그저대망으로잇거늘우치대망을ᄶᅮ지져왈네
가군을업수히녀여요악을힘써남의쭉즈를씻고ᄯᅩ나를슈욕ᄒᆞᆫ죄로금사
망을씨워여러해고초를겻게ᄒᆞ엿더니이제네만일젼과ᄅᆞᆯ곳쳐회과쳔션
홀진댄이허믈을버기려니와불연즉그저두리라민시고두샤죄ᄒᆞ거ᄂᆞᆯ우
치진언을념ᄒᆞ니금사망이절로버셔지거ᄂᆞᆯ민시절ᄒᆞ여왈션관의구르치
심을들어회과ᄒᆞ리이다우치닉당에잇ᄂᆞᆫ가민시를거두고구름에올나도
라오니라일일은양봉환이란션빅잇셔어려셔ᄒᆞᆫ가지로글을빅왓더니우
치차자가니병들어누엇거ᄂᆞᆯ우치경문왈그티병이이럿듯중ᄒᆞᆫ디내엇지
늣게야알앗ᄂᆞ뇨양싱왈쌔로심흉이압ᄒᆞ고졍신이혼미ᄒᆞ여식음을폐ᄒᆞᆫ
지오리니사지못ᄒᆞᆯ가ᄒᆞ노라우치진믹왈이병셰사ᄅᆞᆷ을싱각ᄒᆞ여낫도
다

양싱왈과연그러ᄒ니라우치왈엇던가인울싱각ᄒ누뇨나는년장삼십에
녀식에뜻이업노라양싱왈남문안현동사는뎡시라ᄒ는녀지잇스니일즉
과거ᄒ여다만식모룰뫼셔사는디인물이절식이라맛춤그집담사이로보
고도라온후소모ᄒ여병이됨애아마도살아나지못ᄒ을가ᄒ노라우치왈말
잘ᄒ눈민파를보내여통혼ᄒ라양싱왈그녀지졀기숑즉굿흐니맛춤닉셩
소치못ᄒ고 속졀업시은즈수빅량만허비ᄒ얏노라우치왈내형장을위ᄒ
여그녀즈를다려오리라양싱왈형의지죄유여ᄒ나부졀업는헷슈고만ᄒ
리로다우치왈그녀지츈광이얼마나되뇨양싱왈이십삼세로다우치왈형
은방심ᄒ고나의도라오기만기드리라ᄒ고구름ᄐ고나아가니라초셜뎡
시일즉파거ᄒ고홀로셰월을보내며슈흔심회를싱각ᄒ고죽고자ᄒ나임
의치못ᄒ고우흐로모룰뫼시고다른동긔업셔모네서로의지ᄒ여셰월

뎐우치젼권지단

五一

년우치젼편지단

을보내더니일일은뎡시심신이산란ᄒ여방즁에셔비회ᄒ더니구름속으
로일위션관이ᄂ려와낭셩을불너쥬인뎡시눈셜니나와남두셩의명을
밧으라뎡시초언을듯고모쳔씌고ᄒ니부인이ᄯᅩᄒ놀나와ᄯᅳᆯ에ᄂ려복디
ᄒ고뎡시역시복디ᄒᄃᆡ션관이굴으ᄃᆡ션낭은턴명을슌슈ᄒ야더런샹요지
반도연에참여ᄒ라뎡시대경왈쳡은인간더러운몸이오ᄯᅩᄒ죄인이라엇
지턴샹에올나가옥뎨좌하에참여ᄒ리잇고소매로셔호로를내여향온을가득부
운믈을먹어턴샹일을니졋도다ᄒ고
어동ᄌ로하야곰권ᄒ니뎡시밧아마심애졍신이혼미ᄒ여인ᄉ를모르거
놀션관이뎡시를ᄒᆫ번그ᄅ침애문득췌운으로올으는지라이ᄯᅢ강림도령
이모든거지를다리고져즈거리로든니며량식을빌더니홀연치운이동남
으로지나며향취옹비ᄒ거ᄂᆞᆯ강림이치미러보고ᄒᆫ번구름을ᄀᆞᄅ치니운

문이 열니며 일위미인이 싸에 떠러지거늘 우치 대경ᄒ여 급히 좌우를 습혀 보니 아모도 법슐을 힝ᄒ는 재 업거늘 우치 괴이히 넉여 다시 힝슐로 나라ᄒ더니 문득 ᄒᆞᆫ 거지 내다라 쑤지져 왈 필부 뎐우치는 들으라 네 요슐로 나라를 속이니 그 죄 크도다 만착 흔 일ᄒ는 방편을 삼음으로 무슴 흠을 엇엇거니와 이제 흉악흔 심장으로 결부를 훼결코자ᄒ니 엇지 명텬이 브려 두시리오 이럼으로 하ᄂᆞᆯ이 나를 내이샤 너 ᄀᆞᆺ흔 요물을 업시케 ᄒᆞ심이니라 우치 대노ᄒ여 보검을 써혀 치려 ᄒᆞ더니 그 칼이 변ᄒ여 큰 범이 되여 도로혀 해ᄒ려 ᄒ거늘 우치 몸을 피코자 ᄒ더니 문득 발이 싸에 붓허 움작이지 못ᄒᆞᆯ지라 급히 변신코자 ᄒ나 법슐이 힝치 못ᄒ거늘 대경ᄒ여 그 으히ᄅᆞᆯ 보니 비록 의복은 남루ᄒ나 도법이 놉흔 줄 알고 몸을 굴ᄒ여 빌어 왈 셩이 눈이 잇스나 망울이 업셔 션ᄉᆡᆼ을 몰나 본 죄만 소무셕이오 나 고당에 로 뫼계시되 권셰 잡고 감

뎐우치젼권지단
五二

전우치전편지단

열잇는재너모빅셩을못살게굴기로부득이나라를속임이오쏘뎡시믈혜
졀ᄒ려흠은병인을살니려흠이니원컨댄션싱은죄를샤ᄒ시고션슐을ᄀ
ᄅ쳐주쇼셔강림왈그ᄃᆡ닐으지아니ᄒ도내발셔아나니국운이불ᄒᆡᆼᄒ여
그ᄃᆡ굿흔요슐이셰샹에쟉란ᄒ니소당은그ᄃᆡ를죽여후폐를업시ᄒ겟스
나그ᄃᆡ의로모를위ᄒ여특별히일명을살니노니이제뎡시를다려다가셜
니데집에두고병든양가에게는뎡시ᄃᆡ신으로ᄒᆞᆯ사름이잇스니이는조실
부모ᄒ고혈혈무의ᄒ나므음이어질고셩픔이유슌ᄒᆞᆯᄲᅮᆫ더러또훈셩이뎡
시오년긔이십삼셰라만일내말을어기면그ᄃᆡ의몸에대화를면치못ᄒ리
라우치샤례왈션싱의고셩대명을알고자ᄒ노라긔인왈나는강림도령이
라셰샹을희롱코자ᄒ여거리로빌어먹어든니노라우치왈션싱의ᄀᄅ치
심을삼가봉ᄒᆡᆼᄒ리이다강림이요슐내던법을풀어내니우치빅비샤례ᄒ

고딩시를 구름에 싸가지고 본집에 가 공즁에셔 그싀 모를 불너 왓가 옥경
에 올나 가니 옥뎨 글으샤 틔 쳔낭의 죄아 즉 놈앗스니 도로 인간에 내보내
여 여익을 다 격근 후 다려 오라 ᄒ심애 도로 다려 왓노라 ᄒ고 소매로셔 향온
을 내여 뎡시의 입에 너 흐니 이윽고 ᄲᅢ여 졍신을 차리거늘 싀뫼 뎡시 드려 션
관의 ᄒ던 말을 닐으고 신긔히 녁이더라 초 시 우치 강림 도령에게 도라와 그
녀 즛 잇는 곳을 무르니 강림이 낭즁으로 환형단을 내여 주며 그 집을 ᄀᆞᄅ치
거늘 우치 하직 ᄒ고 뎡시를 차자 가니 그 집이 일 잔 쵸옥이오 풍우를 가리지
못 ᄒ더라 이에 들어 가 보니 ᄒ 녀 지시름을 ᄯᅵ고 홀로 안 졋거늘 우치 나아가
달내여 왈 낭즈의 고단 ᄒ 신 말슴은 내 임의 알앗거니 와 이제 쳥츈이 삼칠을
지낸 지 오리 되 취혼치 못 ᄒ고 외로운 형상이 가 궁 ᄒ 지라 내 낭즈를 위 ᄒ여
즁미 ᄒ리라 ᄒ고 환형단을 먹인 후 진언을 념 ᄒ니 뎡과 부의 모양과 일호 초

던우치젼권지단

五五

뎐우치젼권지단

챠업시 되는지라 우치왈 양성이란 사람이 잇는디 인물이 ᄀ장 아름답고 가
산도 부요ᄒ고 나 뎡과 부의 ㅈ식을 스모ᄒ여 병이 들엇스니 낭ㅈ 혼번 가 이리
이리ᄒ라 ᄒ고 즉시 보를 씨워 구름 ᄐ고 양성의 집에 니르러 우치 거즛뎡시
를 외당에 두고 니당에 들어가 양성을 보니 싱이 문 왈 뎡시의 일이 엇지 되고
우치 왈 뎡시의 힝실이 빙셜 굿기로 일언을 못ᄒ고 왓노라 싱이 제 눈 속 졀
업시 죽을 싸름이로다 ᄒ고 탄식 흠을 마지 아니ᄒ니 우치 각가지로 죠롱ᄒ
여 왈 내 이제 가셔 뎡시 보담 빅비 나은 녀ㅈ를 다려 왓스니 보라 ᄒ니 양성 왈
내 미인을 만히 보앗스되 뎡시 굿흔 쌍은 업나니 형은 롱담 말라 우치 왈 내 엇
지 희롱ᄒ리오 지금 외당에 잇스니 보라 양성이 거우 몸을 니러 외당에 나와
보니 젹실 흔 뎡시어 놀 반가옴을 측량치 못 흔디 우치 쇼 왈 내 진심 갈력 ᄒ여
당ㅈ를 다려 왓스니 가ㅅ를 션치ᄒ고 잘 살라 양성이 빅비 샤례ᄒ더라 우치

양성을리별학고도라가다션시에야기산즁에훈도시잇스니도학이놉고
모음이쳥졍ᄒ여셰샹명리를구치아니며다만박던다솟이랑과화원십잔
으로셰월을보내니이곳디샹션이라셩호눈셔화담이니나이오십오셰에
얼골이련화굿고량안은츄슈굿고졍산은돌올ᄒ더라우치셔화담의도학
이놉홈을알고차져가니화담이마져왈내훈번찻고자ᄒ더니루샤에왕림
ᄒ시니만힝이로다우치니러칭ᄉᄒ고한담ᄒ더니믄득보니일위션셩이
들어와굴으딕좌샹의존긱이뉘시뇨화담왈뎐공이라ᄒ고우치ᄃ려왈이
눈내아우룡담이로라우치룡담을보니미목이쳥슈ᄒ고골격이비샹훈지
라룡담이우치ᄃ려왈션셩의놉흔슐법을들은지오릭더니오늘날맛나보
니힝이어니와쳥컨대슐법을훈번구경코자ᄒ노니앗기지말라ᄒ고구구
이군쳥ᄒ거눌우치훈번시험코져ᄒ여진언을념ᄒ니룡담의쓴관이변ᄒ

뎐우치젼권지단

五七

뎐우치젼권지단

여쇠머리되거늘룡담이노ᄒ여ᄯᅩᄒᆞᆫ진언을념ᄒ니우치의쓴관이변ᄒ여
범의머리되는지라우치ᄯᅩ진언을념ᄒ니룡담의관이변ᄒ여빅룡이되여
공즁에올나안기를피우거늘룡담이ᄯᅩ진언을념ᄒ니우치관이변ᄒ여
룡이되여구름을헷치고안기를발ᄒ여쌍룡이서로ᄡᅪ쳥룡이빅룡을
긔지못ᄒ고동남으로다라나거늘화담이비로소웃고왈뎐공이내집에오
셧다가이럿듯ᄒ니네엇지무례치아니리오ᄒ고쳑상에언진연뎍을ᄒᆞᆫ번
공즁에던지니연덕이변ᄒ여일도금광이되여하늘에퍼지니량룡이믄득
본관이되여ᄯᅡ헤떠러지는지라량인이깜각거두어쓰고우치화담을향ᄒ
야샤례ᄒ고인ᄒ야구름트고도라오니라화담이우치를보내고룡담을ᄶᅩ
지져왈너는쳥룡을내고뎌눈빅룡을내니쳥은목이오빅은금이니오ᄒᆡᆼ에
금극목이라목이엇지금을이긔리오ᄯᅩᄒᆞᆫ내집에온손이라부질업시해코

자ᄒᆞᄂᆞ뇨룡담이다만칭샤ᄒᆞ고 장노ᄒᆞ여우치물미워ᄒᆞ는듯이잇더라
우치집에도라온지삼일만에 도화담을차자가니화담이골으ᄃᆡ내그ᄃᆡ에
게쳥ᄒᆞᆯ말이잇스니질기여조칠소냐우치왈듯기물원ᄒᆞᄂᆞ이다화담왈남
히즁에큰산이잇스니일홈은화산이오그산즁에도인이잇스ᄃᆡ도호ᄂᆞᆫ운
슈션싱이라내졉어셔글을배왓더니그션싱이여러번셔신으로무럿스나
회셔치못ᄒᆞ엿더니뎐공을맛춤맛낫스니그ᄃᆡ ᄒᆞᆫ번ᄃᆞᆫ녀옴이엇더ᄒᆞ뇨우
치허락ᄒᆞ거ᄂᆞᆯ화담왈화산은히즁에잇ᄂᆞᆫ산이라수히ᄃᆞᆫ녀오지못ᄒᆞᆯ가ᄒᆞ
노라우치왈쇼싱이비록지죄업소오나슌식간에ᄃᆞᆫ녀오리이다화담이밋
지아니ᄒᆞ거ᄂᆞᆯ우치닉심에업수이녁이ᄂᆞᆫ가ᄒᆞ여노왈싱이만일못ᄃᆞᆫ녀오
면이곳셔죽고산문을나지아니ᄒᆞ리라화담왈연즉가려니와힝혀실슈ᄒᆞᆯ가
ᄒᆞ노라ᄒᆞ며죽시글을닷가주거ᄂᆞᆯ우치즉시밧아가지고히동쳥보라믹되

뎐우치젼권지단

五九

던우치젼권지단

여공즁에올나화산으로가더니히즁에니르러는난듸업는그물이압흘가리웟거놀우치놉히떠넘고자ᄒ더니그물이따라놉히막앗는지라ᄯ넘으려ᄒ듸그물이하눌에다핫고아래로히즁을런ᄒ여좌우로하눌을퍼잇스니갈길이업셔십여일을잇쓰다가할일업셔도라와화담을보고호쇼왈화산을거의다가셔그물이하눌에련ᄒ여갈길이업습기로모기되여그물틈으로나가려ᄒ죽거미줄이텹텹ᄒ여나가지못ᄒ고왓나이다화담이쇼왈그리큰말을ᄒ고가더니도녀오지못ᄒ엿스니이졔는산문을나지못ᄒ리로다우치황겁ᄒ여닷고자ᄒ더니화담이발셔알고속이려ᄒ는지라우치챠급ᄒ여희동쳥이되여다라나니화담이수리되여ᄯ름애우치ᄯ변ᄒ여갈범이되여닷더니화담이변ᄒ여쳥ᄉ지되여물어업지르고ᄀᄅ쳐ᄀᆯ오 티네여러가지슐법을가지고반듯시올흔일을위ᄒ여힝ᄒ니괴특ᄒ나사

흑흠은 맛춤닉 졍대흠이 아니오 직 조는 반드시 웃길이 잇나니 오릭이로써 셰상에 돈니면 필경 파측흔 화물 닙을지라 일즉 광명흔 셰상에 도라와 졍대흔 도리를 궁구흠이 올치 아니 흐뇨 내 이졔 태빅산에 대종신리를 뵈히 히려흐노니 그딕 또 흔 나를 조침이 됴흘 가 흐노라 우치 왈 그 치시는 딕 로 흐리이다 흐담이 인흐여 각각 집에 도라와 약잔가 스룸분별흔 후 우치 화담을 뫼시고 태빅산 배달밋헤 졍샤를 얽고 임검으로 붓허 오는 큰 리치를 궁구 흐여 보 빅로 운글을 만히 지어 셕실에 곰초니 그 후 일은 셰상 사름이 아지 못흐나 일 즉 강원도 사는 양봉래라 흐는 사름이 단군 셩젹을 뫼오려 흐야 태빅산에 들 어갓다가 화담과 우치 두 분을 보고 도라올시 두 분이 닐 으디 우리는 이리이 리 흐야 이 곳에 들어와 잇거니 와 그딕를 보니 잠시 언힝이 또 흔 유심 흔 산아 흰 줄 알지라 내 젼 흘 것이 잇노니 삼가 밧들라 흐고 비셔 몃 권을 주니 봉래 밧

뎐우치젼권지단

六一

아가지고 나와 졍셩으로 공부ᄒᆞ야 그 오묘ᄒᆞᆫ 뜻을 통ᄒᆞ고 감안ᄒᆞᆫ 가운대 도롱을 젼ᄒᆞ니 혹 ᄒᆞᆫ 두가지 들어 나눈 일이 잇스나 셰샹이 다 만신션의 도로만 알고 봉래 쏘ᄒᆞᆫ 놁은 빗이 들어 날ᄯᅢ룰 기드릴뿐이오 화담과 우치 두분의 태빅산 즁에 계셔셔도 닥그시 눈 일만 셰샹에 젼ᄒᆞ니라

뎐우치젼권지단 죵

뎐우치젼단
定價 六錢
一郵税 二錢

大正三年七月七日印刷
大正三年七月九日發行

飜印不許

著作兼發行者
京城府黃金町二丁目二十一番地
崔昌善

印刷者
仝
崔誠愚

印刷所
仝
新文館

總行所
京城府黃金町
振替京城六六四番
新文館

슈호지

〈大板精印堅裝 每冊精圖揷入 定價每冊四拾五錢郵稅各六錢〉

全五冊紙數約 一千二百頁

슈호지란 일홈은 엇지ᄒᆞ야 그리 소문
이 놉흐뇨 의소로 던지 ᄌᆞ미로 던지 쇼
셜 가운ᄃᆡ 가장 탁월ᄒᆞᆫ 셔라 이오 그러
나 슈호지ᄅᆞᆯ 본이는 엇지ᄒᆞ야 별로 만
치 못ᄒᆞ뇨 글이 어렵고 ᄉᆞ연이 셕셕ᄒᆞ
야 보기 용이치 못ᄒᆞᆫ ᄯᆞᆰ이라 이제우
리게서 내는 슈호지는 한문원본을 분
명ᄌᆞᄉᆞᆼᄒᆞ게 번역ᄒᆞ고 알기어려운 귀
졀은 한문을 빌달이ᄒᆞ야 노핫스니 이
제부러는 아모라도 이런 하ᄯᅢ 일동가
는 쇼셜의 무궁ᄒᆞᆫ ᄌᆞ미ᄅᆞᆯ 맛 볼저라 의
거잇는 산아ᄒᆡ는 다 한번 보아서 현 ᄒᆞᆫ
구경을 ᄒᆞᆯ지로다.

옥루몽

〈大板精印堅裝 每冊精圖揷入 定價第一二三冊四拾五錢 第四冊五拾五錢郵稅各六錢〉

全四冊紙數 九百餘頁

하날로셔 련ᄭᅩᆺᄒᆞᆫ 가지가 이 셰상에 ᄯᅥ
러져 혹 저ᄌᆞ가 되며 혹 가인이 되며 혹
풍류 셩ᄉᆞ가 ᄉᆡᆼ기며 혹 병마 대젼이 ᄉᆡᆼ
기어 변화 무궁ᄒᆞ고 소실이 복잡ᄒᆞ니
일일이 지극ᄒᆞᆫ ᄌᆞ미오 마ᄃᆡ 마ᄃᆡ 간졀
훈졍이라 이 ᄎᆡᆨ을 한번 잡으면 참아 노
흘수 업다 훔은 하ᄎᆡᆨ 보시오면의공
평훈 평이니 그 엇지 ᄒᆞ야 그러홈은 모
ᄅᆞᆷ 직이 ᄎᆡᆨ을 보아 집작ᄒᆞ시오 이ᄎᆡᆨ 한
권이 면 시속 쇼셜 두 세 권분 수가 되고
ᄯᅩ 눌 보아도 열 중 나 지 아 니ᄒᆞᆫ 눈 ᄎᆡᆨ 이
의다

신문관발간신쇼설

◎ 불샹한동무 全壹冊 定價金 貳拾錢 郵稅四錢
◎ 검둥의설음 全壹冊 定價金 參拾錢 郵稅四錢
◎ 허풍션이모험긔담 全壹冊 定價金 貳拾錢 郵稅貳錢
◎ 자랑의단추 全壹冊 定價金 貳拾五錢 郵稅四錢
◎ 만인계 全壹冊 定價金 貳拾錢 郵稅貳錢
◎ 버셜의유람긔 全壹冊 定價金 貳拾錢 郵稅貳錢 拾錢

이모든책은다서양에유명한쇼설을번역한 것이니시쇽에쓸디업시쇠독와독호잡샹스 러운것과달나한번봄으로무궁한주미만잇 슬뿐아니라소견에어들것이클지니 보소셔졍호재박아아담호제책매고렴갑히 졍호고그림을너헛슙니다

歌曲選
全壹冊 〔定價金參拾錢 郵稅四錢〕

此書ᄂ朝鮮古來로君王公卿賢相名將哲人 達士才子佳人의名作時調六百章을選拔ᄒ 야類編校刊ᄒᆫ것이니可히月下에低吟ᄒ 지며可히ᄡᅥ風前에高唱ᄒ지며可히ᄡᅥ消遣 에供ᄒᆯ지며可히ᄡᅥ修養에資ᄒᆯ지니라

朝鮮俚諺
全壹冊 〔定價金參拾錢 郵稅四錢〕

此書ᄂ情理가俱切ᄒᆫ俚諺近千條를苦心探 集ᄒ야意義를注解ᄒ고出處를示明ᄒᆫ것이 니座右에備置ᄒ고時常披閱ᄒ면談論文章 에利用이莫大ᄒᆯ뿐아니라處世의秘機 와交人의妙諦를心得ᄒᆯ지니라

絶倒百話
開卷嬉嬉

右兩書ᄂ古今笑話中奇妙ᄒᆫ短話各百則式 을選ᄒ야輕妙ᄒᆫ文으로述ᄒᆫ奇書ㅣ니各壹 冊定價各拾錢郵稅文各貳錢

홍길동젼 권지단

미권 뎡가금 六젼 우셰 무권신지 二젼

난 것 풀이

홍길동은 하눌이 내신 사람이라 구태대가 외셔
조로 나셔 텬하 일명을 더 신등 야 묵은 분풀이를
훌셕 한번 밭을 구르고 나러나 매 그 지죄 키신 갓
고 그 거동이 질풍신뢰 갓호여 텬하 만인의 모골
이 송연호고 죠뎡빅관의 심담이 셔늘홍 고 만승
남군이 쏘한 소조를 망지호야 필경호 눈 디로 바
러두고 호 자 눈 디 로 호 여 줄 밧게 업시 되니 일디
호걸이 오만고 영웅이로다 이 패남우의 일을 보
고 무륩을 치며 시연라 아니홍 이 눈 피 잇 눈 산
아 회가 아 닐 지로다

조식 소당홍 기 를 남달니 호 눈 눈은 부모 가 잇스
린 주식이 잇스니 불힝히 션동 성업 눈 계집 이 라
거긔다가 집은 구차호고 돌볼 이 눈 업 스 니 이 임
의 텬하에 지극호 비극이어 눈 갓곰 박 호운 수가 이
잔잉호 집안을 더 못 살게 구 노라고 온 갓 못 홀 짓
을 다 호 야 홀 눈은 이 외 로 호 야 곰 눈물 과 한숨
가운디 셔러져 셔 그 리고 그 리 다 가 맛 나게 호 니
이 숨 홀 이 위 로을 으면 하 눌에 사 마 칠 것 이 로 다
그 일은 비록 참혹호 나 그 동안 소조 눈 귀 이 호 맛
이 만 흔지 라 슈 중고 혼 될 몸 이 동 히 룡 궁 에 낫 질
김을 꿈 꿈은 엇 지 홈 이 며 창 망 훈 바 다 에 난 되 질
눈련 쏏 이 둥 둥 거 림은 무 엇 이 며 비 력 질 호 던 아
희가 만 승 국 모 가 되고 의 지 가 지 업 눈 믿 잉 이 일
국 부 원 군 이 됨은 엇 지 훈 곡 절 이 요 불 지 어 다 이

흥부전 권지단

착흔색리를심으면착흔갑흠을밧고모진색리
를심으면모진갑흠을밧나니제비다리만싸미
준다고아모나화수분을엇는다ᄒᆞ면턴하에복
밧기처럼쉬윤일이어딧잇스리오세상에놀부
심ᄉᆞ탄말이잇스니얼마만흔모질면천만고천
만인의모진마음을혼자딘표ᄒᆞ도록되엿스머
그러토록모진심ᄉᆞ눈밀경하눌로써엇더ᄒᆞ고
흠을밧앗눈가갓흔제비의샹쳐를동여미주
갓흔씨를엇어심으고갓흔호박을쓰갯거눌쏘
갠뒤일은엉청나게들너니우리눈이속일수업
눈더치물이세상젹지아니ᄒᆞ홍부에게도보이
며무수흔놀부에게도보이고저ᄒᆞ노라

춘향전 권지단

진흙물에도련쏫이나니창기엔들춘향이가업
슬소냐지여낸사름이라ᄒᆞ지마라엿과속말
파일이참으로어름갓치맑고옥갓치셰쏫ᄒᆞ진
디나는그우샹압해졀을것이오엽눈일이라ᄒᆞ
지마라놉파년과압셔와뒤셔가한갈갓치산악
처럼교훈을기러낼지니춘향의눈물은만고정
녀의만흔셜흠을도취흔것이오리도령의한숨
은련하정남의긴진흔을총합흔것이오천디산
하에리랑츈낭의애가마르고속이탐운곳런하
만고가인진조의격고느기기일과셩감을딘표
흔것이라어린산아희와어린계집아가문
호눈일으로니고거쥬눈경향이다른디온갓
어려움을격그면셔도셔로ᄒᆞ고의심ᄒᆞ눈일
업시셰쏫으로비롯흔판계를쌔쏫으로결국ᄒᆞ
눈이일편정ᄉᆞ눈뉘능히감ᄒᆞ차탄흠을금ᄒᆞ리
오렬녀의거울은내츈향에보고정랑의본은내
리몽룡에서보앗도다 (이다음 만히 잇소)

젼무마져

셜쇼젼륙

판문신.울서

힝발

젼무마져

셜요젼륙

판문신.울서

힝 발

륙 전 쇼 셜

근리 칙 박는 법이 편홈을 쎠라 답지 못호 칙이 만히 나는즁 녜젼부터 널니 힝용던 칙을 구태 일홈을 밧고고 소연을 고치되 혼이 쥬옥을 변용야 와륵을 만들어 턱 업는 리를 탐호는재 만흐니 엇지 한심치 아니호리오 우리가 이를 개연히 넉이여 크게 이 폐단을 고칠 쎄를 흘셔 먼져 녯 칙 가온뒤 가히 젼홀만호것을 가리혀 소연과 글의 잘못된것을 바로잡으며 올치 못호것을 맛당토록 고치여 이 『륙젼쇼셜』(六錢小說)이란것을 내오니 연은 넷 맛이 새로우며 글은 원법에 마지며 칙은 양젼호며 갑슨 산지라 소히 쳠군조씌셔는 다힝히 깃븜으로 마지시기를 쳔만 바라느이다

져마무젼 권지단

각셜동한말년에 초국따에 일위현시 잇스니 셩은 져 오명은 마위라 던셩이 민쳡영오ᄒᆞ여 혁력이 스긔와 도학원류며 치국평던하지도를 달동ᄒᆞ고 상뫼 쥰슈ᄒᆞ니 향당사람이 닐캇지아니리업더라 이ᄯᅢ 마위 수십이되도록 공명을 일우지못ᄒᆞ여 군심ᄒᆞ더니 시시에 후한 황뎨붕지못ᄒᆞ여 잔신이 롱권ᄒᆞᆷ으로 매쟈ᄒᆞᆷ애 던하션빅들이 엇지 용납ᄒᆞ리오 이럼으로 쉬졈졈 진ᄒᆞ더라 이ᄯᅢ 황뎨 과장을 비셜ᄒᆞ샤 인지를 엇으려 ᄒᆞ실시 던하션빅 구름모히듯 ᄒᆞ엿다 ᄒᆞ거늘 마뮈이 쇼식을듯고 힝장을 추려 경ᄉ로 올나와 바로 궐문 압ᄒᆡ 나아가 닐ᄋᆞ되 금번 과거금을 만히 가져와야 과거를 보와 급대ᄒᆞ려 와 만일 그러치아니면 과거를 못보리라 ᄒᆞ거늘 마뮈 할일업셔 죽

져마무젼

一

져마무젼

시고향에 도라와 농업을힘쓰며 셰월을보내더니 이째는 졍히 츈삼월호시
졀이라 각식옷은 만발ᄒᆞᆫ디 봄날이심히 사랑ᄒᆞ으로ᄒᆞ여곰 곤케ᄒᆞ는지라 마
뮈ᄉᆡᆼ각ᄒᆞ디 사람이셰샹에쳐ᄒᆞ여 몸에공명부귀를더으며 부모를현달케
ᄒᆞ는것이 쟝부의홀배여ᄂᆞᆯ 슬ᄒᆞ다 내몸이 촌토에뭇쳐 셰샹을보내다가 죽
으면 뉘라셔 마뮈셰샹에 잇던줄을 알니오ᄒᆞ고 차탄ᄒᆞ기를 마지아니ᄒᆞ거ᄂᆞᆯ
부인 왈 부즐업슨 근심을말으소셔 녜로붓허 공명부귀 화복길흉을 하ᄂᆞᆯ이
마련ᄒᆞ시는 배라 엇지 인력으로 ᄒᆞ리잇가 마뮈부인의 말을 들음에 더욱한
심ᄒᆞ고 분긔 쳘텬ᄒᆞ여 하ᄂᆞᆯ을 우러러 탄식ᄒᆞ기를 오래ᄒᆞ다 가셔 당에나와
셰샹ᄉᆞ를 ᄉᆡᆼ각홈애 분ᄒᆞ고 슬홈을 이긔지못ᄒᆞ여 후원에들어가 향안을빈
셜ᄒᆞ고 조희를펴노코 하ᄂᆞᆯ과 디부십대왕을 칙ᄒᆞᆯ시 그글에왈
오회라 셰샹 만물이 삼겨남애 사람이 기즁에 데일이라 복록과 길흉화복

을고로게덤지ᄒ실것이여ᄂᆞᆯ오히려고로기커니와사름의팔ᄌᆞ의지원

극통이던하에만흔지라옥황은하ᄂᆞᆯ에계읍셔셩신을거ᄂᆞ리시고하계

션악을잘술혀쳐치ᄒ실것이여ᄂᆞᆯ그러치아니ᄒ시고하계향화만흠향

ᄒ고오히려흥식을고로게못ᄒ시니엇지옥황이라칭ᄒ시며또염라왕

은명부들가음알아셰샹변화며부귀빈쳔과만물의션불션을술혀쳐결

흘것이여ᄂᆞᆯ오히려무죄흔어린ᄋᆞ히와착흔사름들을잡아가기를일삼

으며인간향화만밧아먹고원통지원ᄉᆞ를술히지아니ᄒ니엇지염라왕

이라ᄒ리오내만일염라왕을볼진댄즁칙흘것이로되서로맛나지못흠

울흔ᄒ노라

ᄒ고인ᄒ여글을쇼화ᄒ여공즁에올니고외당에나와셔안을의지ᄒ여잠

잔조으더라

져마무젼

져마무젼

각셜옥황샹뎨의근시ᄒᆞᄂᆞᆫ태을진군이옥뎨쯰고왈이소이하게션악을숨히지못ᄒᆞ엿샤오니금두셩과오방신쟝으로ᄒᆞ여곰인간션악을숨히쇼셔옥뎨그말을올히샤죽시북두칠셩을명ᄒᆞ여모든셩신을거느려하게션악을조셰히숣히라ᄒᆞ신대북두칠셩이칙지를밧자와모든셩신을총독ᄒᆞ여하게션악을두로숣히더니홀연한글월을엇어올니거놀모든셩신이조셰보니하늘을원망ᄒᆞ고명부십대왕을대칙ᄒᆞ엿거ᄂᆞᆯ북두칠셩이보고대경ᄒᆞ야죽시령쇼보뎐에올닌디옥뎨보시니초국ᄯᅡ히셔사ᄂᆞᆫ져마무의글이라써스디옥뎨물원망ᄒᆞ고명부십대왕을무수히원망ᄒᆞ엿거ᄂᆞᆯ옥뎨대노ᄒᆞ샤죽시태빅금셩을명ᄒᆞ여썰니칙지를가지고명부십대왕에젼ᄒᆞ고마무를잡아다가썰니화탕디옥에가도고빅만륜회라도셰샹에나지못ᄒᆞ게ᄒᆞ라ᄒᆞ신디태빅금셩이칙지를밧자와죽시명부에ᄂᆞ려가니십왕이

일시에 ᄂ려마자 향안을 비셜ᄒ고 쳑지를 밧자와 넑은 후에 태빅금셩을 극
진이 관듸ᄒ고 즉시 표를 닥가 올닌 후에 급히 악귀 ᄉ쟈를 명ᄒ여 초국 ᄯᅡ 헤
가마물 잡아 오라 ᄒᆞ대 ᄉ재 텽령ᄒ고 마무를 차즈니 마뮈 졍히 당상에 안
잣더니 ᄉ재들이 답녀 드러 마무를 잡고 닐ᄋ되 우리 염라왕 명을 밧자와 너
를 잡으러 왓스니 썰니 가자 ᄒ거놀 마뮈 대경왈 가기는 가려니 와 집안에 쳐
지 잇스니 보고 가겟노라 ᄒ고 쥬져 ᄒ다가 홀연 매 드르니 남가 일몽이라 만
신에 ᄯᆞᆷ이 ᄀ득ᄒ고 몸이 썰녀 괴운이 싀진ᄒ거놀 마뮈 급히 뇌당에 들어가
부인을 보고 왈 내오늘 날아마 도 죽으리니 부듸 시신을 삼일ᄶᅥ 지거 누지 말
며 요란이 셜워 말라 당부ᄒ고 도로 외당에 나아가니 부인이 이말을 듯고 놀
내 급히 외당에 와 보니 마뮈 소셰ᄒ고 의관을 졍졔ᄒ고 셔안을 지ᄒ여 명
이 진ᄒᆞ얏거늘 눈물 아니 흘닐 수 업되 감히 요란이 구지 못ᄒ고 신례를 직혀

져마무젼

五

져마무젼

회싱ᄒᆞ기를보라더니이때마뮈스쟈를조차나아가더니ᄒᆞᆫ곳에다다르니
성곽이하ᄂᆞᆯ에다핫스며셩문을굿게다닷거ᄂᆞᆯ마뮈ᄌᆞ셰보니현판에영결
아문이라썻거ᄂᆞᆯ마뮈스쟈를도라보아왈이곳이어ᄃᆡ뇨ᄃᆡ왈염라왕계신
곳이라ᄒᆞ니마뮈방심ᄒᆞ고스쟈를ᄯᅡ라들어가더니ᄒᆞᆫ곳에니르니쥬궁패
궐은반공에소삿스며어지러온창검은일월을ᄀᆞ리오고두귀면지줄이
좌우에버럿스니위의ᄀᆞ장엄슉ᄒᆞ더라마뮈조곰도두려ᄒᆞ지아니코나아
가더니궐문압헤다다르니안으로셔령괴다마뮈나오며직축ᄒᆞ여왈마무
를샐니잡아드리라ᄒᆞ거ᄂᆞᆯ모든스재나오며쇠스슬로결박ᄒᆞ려ᄒᆞ
더니문득령괴든스재닐ᄋᆞᄃᆡ결박ᄒᆞ지말고그져잡아드리라ᄒᆞ거ᄂᆞᆯ마뮈
의관울정히ᄒᆞ고얼골을식식이ᄒᆞ여삼라뎐에다다르니십왕과모든왕
이며동지시위ᄒᆞ고우두라찰과마두라찰이좌우에령괴를각각들고섯스

며악귀ᄉ재마무를지축ᄒ여염왕ᄭ 셸니뵈라ᄒ더라마뤼례읍불빙ᄒ고
단정이서셔젼후좌우를둘너보니각각현판을다랏거눌마뤼보니일진
ᄒ대왕이오뎨이조강대왕이오뎨삼송뎨대왕이오뎨ᄉ오관대왕이오뎨
ㅇ염라대왕이오뎨륙번셩대왕이오뎨칠태산대왕이오뎨팔평등대왕이
오뎨구도시대왕이오뎨십젼륜대왕이라각각통텬관을쓰고곤룡포를닙
고빅옥홀을쥐고뎐샹에단좌ᄒ엿스니그위엄이엄슉ᄒ더라염왕이불연
변셕왈너는인간죠고마흔션빅라엇지감히하눌을원망ᄒ고디부염라십
왕을대쳑ᄒ엿스니네들으라사룸의슈요쟝단과ᄉ싱길ᄒ과화복공명부
귀를판단ᄒ여사룸을덤지홀제령산여릭와모든신령과십대라한과ᄉ대
텬왕과디쟝보살과염라십왕과금두거쳐와십이원진오방신쟝과화완션
령이모다공변도이삼겨내는지라 ᄒ번뎜지ᄒ면후에엇지길ᄒ과화복을다

져마무젼

七

져마무젼

시의론ᄒ리오망령되이하ᄂᆞᆯ을원망ᄒ거니와네덕을닥가어진일흘줄은
싱각지아니ᄒ고하ᄂᆞᆯ과디부를원망ᄒ니너ᄒᆞᆫ놈을위ᄒ여길흉화복을고
칠쇼냐네죄눈네아는배라내옥뎨칙지를밧자와너를잡아다가풍도디옥
에가도고빅만륜회라도셰샹에나지못ᄒ리라ᄒ거놀마뮈왈내셰샹에셔
들으니염라왕이화복길흉을뎜지ᄒ다ᄒ더니오놀날대왕을맛나오니ᄀ
장다힝ᄒ지라내흘말이잇스니대왕은들어보쇼셔나는인간조고만션비
라슈요쟝단은대왕ᄭᅴ달녓스나셰샹에극통ᄒᆞᆫ일이만흔지라내분ᄒᆞᆫ긔운
이발ᄒ면부월이당전ᄒ여도바ᄅᆞᆫ말은다흘지라대왕이디부염왕이라칭
ᄒ며사ᄅᆞᆷ의화복길흉과인간고락을고게아니ᄒ며셰샹션악을잘숣히
지못ᄒ며불샹ᄒᆞᆫ사ᄅᆞᆷ과어린인싱을잡아가기와영걸들을무수히잡아다
가공명부귀를아조ᄭᅳᆫ치니모든졍사다불명ᄒ지라엇지염라왕이라ᄒ리

오내혜아리니옥뎨붉지못ᄒ시고십왕이무ᄒ연인가ᄒ노라염왕이이말을
듯고블연대노ᄒ야크게ᄭ지져왈네조고만놈이공교ᄒ말을ᄒ여십대염
왕을무현타ᄒ고옥뎨믈언단에올녀불경홈이비경ᄒ거니와오히려디부
에ᄉ빅년모든대숑으로쥬야편치못ᄒ가온디녀굿흔조고만놈을위ᄒ여
화복길흉을엇지다시의론ᄒ리오십던명왕이며쥬쟉관과문무쳔관이오
히려어려온숑ᄉ에쥬야평안치못ᄒ여ᄒ는지라만일녀굿흔놈으로ᄒ여
곰이런어려온숑ᄉ를맛기면졍신이어즐ᄒ여아모리ᄒᆞᆯ줄을몰을것이방
즈히하놀과디부를업수히녀여비ᄆᆞ옴디로쳑ᄒ거니와나죵을엇지ᄒ랴
ᄒ는다ᄒ고좌우ᄅᆞᆯᄡᅮ지져셜니잡아ᄂᆞ리와풍도디옥에가도고죄를무르
라ᄒ거놀마뒤대쇼왈대왕이내ᄒᆞᆫ말을들으시고대노ᄒ샤나를이리핍박
ᄒ시거니와만일대왕이나를용납ᄒ시고잠쟌대왕의소임을맛니시면디

져마무젼

九

져마무젼

부의 쳐결치못ᄒᆞ는 숑ᄉᆞ를 다 결쳐ᄒᆞ여 나의 지조를 보고 론죄 흠이 엇더ᄒᆞ
니잇고 염왕왈 셰샹사름이 안자셔 놉혼의 론을 ᄒᆞ다가 도어려 온일을 엇지
결단ᄒᆞ리오 이런일은 다시 싱각도 말라 마뮈 답왈 대왕이 그르도 쇼이다 대
왕이 지기일이 오미 지기이니 엇지 큰일을 쳐결ᄒᆞ시리잇고 사름을 큰일을
맛겨 ᄒᆞ는 거 취를 보고 놉고 ᄂᆞ즘을 의 론ᄒᆞᆯ 배어 놀 미리 엇지 놈을 업수이녀
이리오 ᄒᆞ거늘 염왕이 이 말을 듯고 어히업셔 모든명왕을 도라보고 왈 내
놈을 형벌ᄒᆞ여 죄를 뭇고져 ᄒᆞ더니 뎌 놈이 도로혀 큰말을 ᄒᆞ여 우리 모든 무
음을 혹게 ᄒᆞ니 이를 쟝ᄎᆞ 엇지 쳐리ᄒᆞ리오 모든명왕이 묵연 부답이러니 데
팔평등대왕이 사름의 지조를 이로 측량치 못ᄒᆞ는 지라 제원 틴로 ᄒᆞ고 ᄒᆞ는
거 취를 보아 만일 제 말과 ᄀᆞᆺᄒᆞᆯ 진댄 ᄯᅩ ᄒᆞᆫ 디부에 도 큰일을 덜것이오 져도
신 ᄒᆞᆯ 것이니 오히려 깃분일이로다 ᄯᅩ 초강대왕 왈 만일 그러 ᄒᆞᆯ진댄 옥예씨

표를올녀하교를무로온후하교디로흠이됴홀가ᄒᆞᄂᆞ이다염왕이죽시쥬
쟈판판을명ᄒᆞ여옥졍의보셜스를삼아표를올닌듸옥뎨표를보시고대노
ᄒᆞ샤왈큰죄인놈을엇지도로혀즁임을맛기리오ᄒᆞ신듸뎐셧엿자오듸신
등이뎐일스빅년뎐에듯자오니디부에대숑이잇스되결단치못ᄒᆞ와지금
셔지잇습더니마무의말이구장공교로온지라저ᄒᆞ눈양을보아쳐치ᄒᆞ려
ᄒᆞ옴애짐짓큰소임을맛기려ᄒᆞ오니폐하ᄂᆞᆫ모롬이허ᄒᆞ쇼셔만일대숑을
결단ᄒᆞ옵거든죄를샤ᄒᆞ고만일불연ᄒᆞ옵거든두죄를흠쎄다스림이눗지
아니ᄒᆞ여이다옥뎨올히녁이샤죽시교지를ᄂᆞ리와마무로염왕을봉ᄒᆞ시
고졀월을주신듸쥬쟈판관이교지를밧자와디부에젼ᄒᆞ듸염왕이향안을
비셜ᄒᆞ고교지를밧고광록시를명ᄒᆞ여잔쳐를비셜ᄒᆞ고마무를쳥ᄒᆞ여뎐
에올녀복셕을곳칠시머리에둉뎐관을쓰고몸에곤룡포를닙히고손에빅

져마무젼

二

져마무젼

옥흘을주이고빅옥룡샹에단좌흠애문무쳔관이 ᄎ례로스빅ᄒ고산호쳔셰를부르며즐겨ᄒ더라이ᄯᅢ마뮈염왕좌에새로위흠ᄒ던샹에대연을빗셜ᄒ여다부십던명왕과문무쳔관을되졉ᄒ여즐길시모다샤례ᄒ고잔ᄎ을파ᄒ여각각궁으로도라가더라새염왕이즁관을모흐고의론왈내이제즁임을당ᄒ여쳔연만ᄒ고셰월만보내지못ᄒ지라명일붓허대송을시작ᄒ리라ᄒ딘즁관이칭샤ᄒ더라염왕이궁에도라가쉬고잇튼날뎐에 나빅관을모흐고빅옥룡샹에놉히단좌ᄒ여즁관으로더브러의론ᄒ시염왕왈디부ᄉ빅년의미결흔대송이잇다ᄒ니무솜어려온일이잇ᄂ뇨쥬쟉판관왈이숑ᄉᄂ달은숑ᄉ와달은지라녯날초한젹에모든호걸과영웅들이디부에들어와서로ᄡᅩ화숑ᄉ를ᄒ려ᄒ오나능히결단치못ᄒ온지라일로인ᄒ여근심ᄒᄂ배로소이다염왕이쇼왈십왕이가히업스며쳔관이다

무현이로다 이런지혜를가지고엇지뎌록을먹으리오ᄒ고즉시문셔를드
리라ᄒ니쥬쟉판관이스빅년묵은모든문셔를다드린ᄃᆡ문셔ᄡᅡ흔것이태
산ᄀᆞᆺ더라염왕이좌우를명ᄒ여문셔를올니라ᄒ여조셰보니한나라류방
과셔초패왕항젹영포핑월릉괴신쥬가한신진희쟝량쇼하번쾌시무도
읍쇼관뎡공옹치려황려마등려마진한공의조참신긔쟝이하후영쥬란환
초우조긔룡져경포죵리밍항장항타항빅위포신양쟝감스마흔동녜곽철
범즁력셩뎐횡려후쳑희태조죠왕우미인은긔항량진평강동팔쳔데조등
이다송수ᄒ는문셔여눌염왕왈송스를스빅년션지어이두엇더뇨ᄒ며차
탄ᄒ기를마지아니ᄒ고즉시스쟈쳔여명을각각검극을잡아좌우에세우
고문무즁관을디오를삼아동셔로분ᄒ여안진후염왕이빅옥룡상에좌ᄒ
고쳔히붓을들고쥬쟉판관으로문셔를드리라ᄒ고마두라찰우두라찰빅

져마무젼

一三

져 마 무 전

여명으로 ᄒ여곰 문밧긔 모든 숑ᄉ라온 사름을 금지ᄒ여 요란이 말고 ᄎ
례로 혼아 식 드리되 차란치 말고 령ᄒ는 ᄃ로 불너 드려 물은 후에 쳐단 ᄒ리
라 ᄒ고 즉시 한 류방을 몬져 불너 드려 왈 그ᄃ 셰상에셔 무ᄉᆞᆷ 원통 혼 일이 잇
셔 이에 니르ᄂ뇨 패공 왈 과인이 쳑검 포의로 패 턱에셔 니러나 강악 혼 진을
멸 ᄒ고 텬하를 통일 ᄒ고 이 ᄯᅢ 에 제장들이 신 ᄌ의 몸으로 님군을 범 ᄒ다가
죽엇거 놀 도로혀 나를 원 ᄒ여 이리 핍박 ᄒ니 십년 명왕은 나의 원통 ᄒᆞᆷ을 붉
히 쇼셔 염왕 왈 그ᄃ 눈물 너 스라 ᄌ셰히 숣혀 쳐치 ᄒ리라 ᄒᆫ대 패공이 물너
나다 ᄯᅩ셔 초패왕 항젹을 불너 드려 문 왈 그ᄃ 는 무ᄉᆞᆷ 일로 이리 구챠 히 숑ᄉ
ᄒᄂ다 항위왈 과인이 강동으로셔 니러나 진을 멸 ᄒ고 텬하를 엇어 평셩에
왕 업을 일워더니 류방이 밍셰를 닛고 침노 ᄒ여 오강에 니르러 마동여셧
쟝ᄉ의 핍박 ᄒᆞᆷ을 닙어 오강에셔 ᄌ문 ᄒ엿샤 오니 엇지 원통 치 아니 리잇고

염왕왈그딕 소원딕 로 훌것이니 물너 가더라 또 한신을 불너
문왈너 눈 무숨원통훈일 잇 느 뇨한신이 딕왈쇼쟝이 회음으로 붓허 니러나
항우를 바리고 한 중에 들어가오 니 한왕이 틱용 ᄒ 샤 대원슈를 봉 ᄒ 시고 먹
던법을 주시고 달은 무음이 업슬 가 ᄒ 엿샤 오며 전에 관상 ᄒ 눈 허 뷔 라 ᄒ 눈
사람에게 세상을 뵈 오 니 기려 왈몸이 극 히 귀 ᄒ 고 와 셕종신 ᄒ 리라 ᄒ 옴애 이
사람의 말을 밋 습고 잇더 니 불 구에 몸 이 육쟝 이 되엿샤 오니 엇지 아니 원통
ᄒ 오 리 오 염왕왈그 리 ᄒ 면 허부를 잡아 오라 ᄒ 고급 히 하령 ᄒ 여 허부를 샬
니 불너 드리라 ᄒ 며 쑤지져 왈네 인간 에 서 엇지 사람의 화복길흉을 알 니 요
하놀이 사람을 삼겨 내 심애 복록과 화복 길흉을 덤 지 ᄒ 시 거 놀 네 엇지 놈을
속여 이리 몸이 못츌 줄을 때 듯 지 못 ᄒ 고 놈을 죽게 ᄒ 엿 느 뇨 허 뷔 딕 왈 셰상
의 술 소복 재 라 ᄒ 옴 눈 것 이 길 ᄒ 것을 보 오며 뒤일을 혜아리려 닐 ᄋ 눈 베라 쇼

저 마 무 전

一五

져마무젼

인이처음에한신을보오니샹뫼비샹ᄒ와귀히될샹이옴애져드려닐ᄋ되기
룰후에왕후에니르리라ᄒ더니ᄯ쇼슈요쟝단을보와달나ᄒ옴애쇼인이ᄆ
음에혜오되몸이부ᄒ여부귀공명ᄒ올듯ᄒ옵기로몸이귀ᄒ즉쉬불길ᄒ
리라ᄒ엿샤오니제잘ᄒ여탈신치못ᄒ고한신의슈하에ᄒ모시잇스니셩
명은괵쳘이라일즉한신ᄃ려닐ᄋ되졔디룰웅거ᄒ여쟝군의용ᄋ로직회
ᄒ면삼분의ᄒ아룰일위여몸이반셕굿ᄒ리라ᄒᄃ한신이죵시듯지아니
ᄒ다가졔몸이멸ᄒ엿ᄃ누룰ᄐᆺᄒ리잇고염왕왈허부는그르지아니
ᄒ니엇지괵쳘의말을듯지아니ᄒ엿ᄂ뇨한신이듸왈한왕이쇼쟝듸졉ᄒ
기룰ᄌ식ᄀᆺ치ᄉ랑ᄒ옴애먹던밥을물녀먹이오니엇지ᄎᆷ아ᄇ릴ᄆᄋᆷ이
잇스리오이럼으로괵쳘의말을듯지아니ᄒ엿ᄂ이다ᄯᅩᄒ그러ᄒ온듸류
개훼방ᄒ오니엇지달은의ᄉ를싱각ᄒ리오ᄒ거늘염왕왈내짐작ᄒ는배

라그딕눈물너스라한신이물너나다또영포를불너문왈너는무숨원통훈
일이잇느뇨영픠딕왈쇼쟝이처음에초에잇다가초를브리고한에도라와
큰공을만수옵고제왕과싸화딕뎍홀재업스되쇼쟝이홀로당ᄒ여여러번
큰공을세우매공은모르고오히려몸이망ᄒ엿소오니원컨대대왕은숣히
쇼셔염왕왈내짐쟉ᄒ는것이니물너스라또핑월을불너문왈너눈무숨원
통훔이잇느뇨핑월이딕왈쇼쟝이처음에초를브리고한에도라와여러법
대공을세우고기후에한왕이형양에싸이엿슬때에거의망홀것을쇼쟝이
홀로병을나르혀량도를삾코즛쳐들어가한왕을구ᄒ여패왕이퇴병ᄒ여
물너감으로형양의위틱ᄒ옴을면ᄒ오니그공이젹지아니ᄒ온지라그러
나오히려싱각지아니ᄒ고도로혀쇼쟝의몸이쥬륙을당ᄒ엿소오니엇지
원억지아니ᄒ며분치아니리잇고염왕왈나죵에결단홈이잇스리니물너

져마무젼

一七

져마무젼

라 쏘 범즁을 불너 무르니 디 왈 쇼쟝이 항우를 도와 진심으로 권ᄒ 되듯지 아
니ᄒ고 도로 혀 놈의 간텹을 밋어 나를 핍박ᄒ여 즁로에셔 죽게ᄒ오니 참괴
ᄒ 일홈을 셰상에 들니올지라 엇지 원통치 아니ᄒ리오 염왕 왈 물너스라 각
별 쳐 결ᄒ미 잇스리라 쏘 죵리미를 불너 물으니 디왈 쇼쟝이 초를 셤기다가
패망ᄒ미 한신에게 의지ᄒ엿더니 한왕이 한신을 의심ᄒ애 한신이 죄닙을
가도려 나를 죽여 뎌의 진심을 뵈려 ᄒ다 가 도로혀 화를 닙엇소오니 엇지 원
통치 아니ᄒ리오 염왕 왈 아 적 물너스라 쏘 쥬란환초를 불너 물으니 디 왈 쇼
쟝등이 항우를 조차 구리산 십면 민복에 싸히여 고셩ᄒ옵다 가 겨우 버셔나
란군즁에 죽엇 소오니 원컨대 대왕은 슈히 쇼셔 염왕 왈 물너스라 나죵에 분
잔ᄒ리라ᄒ고 쏘 룡져를 불너 물으니 디 왈 쇼쟝이 용밍이 절륜ᄒ와 삼군의
웃듬이올너니 한신의 계교에 싸져 몸이 망ᄒ오니 엇지 원통치 아니ᄒ리 잇

고왕왈물너스라ᄒ고ᄯᅩ진희를불너 물으니 뒤왈 쇼쟝이 한신의 말을 듯고
한을 ᄇᆞ림애 몸이 망ᄒᆞ엿ᄉᆞ오니 엇지 원통치 아니리잇고 왕왈물너스라ᄯᅩ
초부를 불너 물으니 뒤왈 쇼신이 산즁에 잇ᄉᆞ와 농업을 힘쓰며 고기낙기를
일삼아 셰월을 보내옵더니 한신이 빈초 입축ᄒᆞᆯ ᄯᅢ에 길을 ᄀᆞᆯ쳐 주엇거ᄂᆞᆯ
은혜를 싱각지 아니ᄒᆞ고 도로혀 죽이오니 ᄇᆞ라건대 대왕은 슙히 쇼셔 왕왈
아직 물너스라 ᄒᆞ고 ᄯᅩ 력이긔를 불너 물으니 뒤왈 쇼쟝이 왕명을 밧자와 졔
나라 칠십여 셩을 항복밧게 되엿더니 한신이 시긔ᄒᆞ여 몸이 기름 가마에 들
어 참혹흔 형벌을 닙ᄉᆞ오니 엇지 원통치 아니리잇고 왕왈 물너스라 ᄒᆞ고 ᄯᅩ
뎐횡을 불너 물으니 뒤왈 쇼쟝은 졔디를 일코 히도에 몸을 은거ᄒᆞ옵더니 한
왕이 흔번 부름애 드디여 몸이 망ᄒᆞ니 이 눈 한왕의 ᄯᅳᆺ이라 ᄒᆞ거ᄂᆞᆯ 왕왈 물너
스라 ᄒᆞ고 ᄯᅩ 쳑희를 불너 물으니 뒤왈 쇼쳡이 나 히 이 팔은 ᄒᆞ여 한왕이 병패

져마무젼

一九

져마무젼

ᄒ고쇼녀의집에와보고달닉여왓내맛일턴하를엇으면녈로황후를삼을
것이오맛당히ᄌ식을나흘진대때ᄌ를붕히리라ᄒ고만가지로달닉여첩
을쳔ᄒ후련하를엇어몸이존귀ᄒ옴애싱각지아니ᄒ고려후의착혹ᄒ형
벌을당ᄒ오니엇지슳흐지아니ᄒ리오원컨대대왕우슳히쇼녀염왕이불
샹이녁여왈갸별쳐치흠이잇스리라ᄒ고ᄯ려후를불너사지져왈너는녀
ᄌ로셔츙신렬ᄉ를만히죽이고쳑희를몹슬형벌을힘ᄒ고국뫼되여음란
ᄒ고죄샹이무샹ᄒ지라일호도긔망치말고바르디로알외라ᄒ대려휘왈
엇지ᄒ말이나대왕젼에긔망ᄒ리오쳑희를형벌ᄒ고그ᄌ식을죽임은피
츠슈긔ᄒ배라뎌힘이밋쳐당치못ᄒ여나를해치못ᄒ옴애몬져죽엿소
니이논ᄉᄉ혐의아니라국가대ᄉ를위ᄒ여부득이ᄒ온배오츙신렬ᄉ를
죽인것은쳡이혼자흠이아니라한왕은밧게셔졍별ᄒ고안에논잔젹이모

계툘ᄒᆞ옴애 으녀 ᄌᆞ의 못ᄒᆞᆯ지 혜ᄅᆞᆯ 가지고 강적을 덜은지라 내 일로 국가ᄅᆞᆯ
위홈이오 일늘의 론ᄒᆞᆯ 때에 즁관으로 더브러 샹의 ᄒᆞ여 결단 ᄒᆞ옴애 일 모르
눈 광셔 신조지도와 국가와 그를 리잔 ᄒᆞ옴이라 복원대왕은 슘히 쇼셔 ᄒᆞ며
이 걸ᄒᆞ거늘 염왕 왈 네 의미 타 ᄒᆞ거니와 아직 믈너 스라 려 휘 공슌히 믈너 나
너 쏘긔 신을 불너 믈으니 ᄃᆡ 왈 쇼장이 형양에서 한왕의 위ᄐᆡ 흠을 보고 한왕
의 급흠을 위ᄒᆞ여 한왕의 복을 닙고 나가 ᄒᆞ우 둘 속여 위ᄐᆡ 흠을 무릅쓰고
나아 갓숩더니 항위 알아보고 대노 ᄒᆞ여 싹지져 왈 필 뷔엇지 감히 나를 속이
는다 ᄒᆞ고 불질너 죽이오니 엇지 원통치 아니 ᄒᆞ리오 왕 왈 졋고 로 총신은 긔
신과 싹이 업슬 가 ᄒᆞ니 그 ᄃᆡ는 아즉 믈너 스라 ᄒᆞ고 쏘 주가ᄅᆞᆯ 불너 믈으니 ᄃᆡ
왈 쇼신이 셩을 구지 직히 ᄒᆞ여 죽기ᄅᆞᆯ 두려아니 ᄒᆞ고 십여 일만에 셩이 파 ᄒᆞ옴
애 몸이 쥬륙지경을 당 ᄒᆞ오니 엇지 원통치 아니 ᄒᆞ리오 왕 왈 너 눈믈 너 스라

져마무젼

二一

져마무젼

ᄒᆞ고 ᄯᅩ뎐부를불너 문왈 너ᄂᆞᆫ엇지 ᄒᆞ여 항우를 속여 대ᄉᆞ를 그르게ᄒᆞ니 심
시괴이ᄒᆞᆫ다 ᄒᆞ고 슈지져 물니 치고 ᄯᅩ 왕릉 하후영 륙가 슉손통 조참 번
쾌 쟝량등 일반문무의 션악을 일일이 ᄉᆞᆯ핀후 모다 물니치고 좌우를보아왈
문무 쳔관이 혼아도 쓸ᄃᆡ업고 붓지못ᄒᆞ고 우어왈 염라십뎐명왕이잇
셔 엇지 이 만일을 결단치못ᄒᆞ고 슈빅년셔지 둘길이잇스리오 ᄒᆞ고 즉시 즁
관을 좌우에 버려셰우고 쳐결ᄒᆞᆯ시 즁관이 각각 문셔를 넓으라ᄒᆞ고 딩송ᄒᆞ
라 온사름을 ᄎᆞ례로 뎜지ᄒᆞᆯ시 패공으로 곰대한 헌데 되게뎜지ᄒᆞ고 ᄯᅩ
려후로 독귀비되게ᄒᆞ고 여아들을 두게ᄒᆞ엿스나 구챠히자로 환란을 격다
가 조조에게 죽게ᄒᆞ고 ᄯᅩ 아들 조차 죽게 ᄒᆞ고 ᄯᅩ한 신을 불너 왈 너ᄂᆞᆫ 의미 히
형벌을 밧아 죽엇스나 셰상에 내여 보내ᄂᆞ니 셩명은 조조 오 즛 눈 밋 덕이라
모략은 손빈 오긔ᄀᆞᆺ고 도량이넓으며 치셰지능신이오 란셰지 간웅이되여

二二

텬하병권을잡아버린다 ᄒᆞ니목을속이고헌데를허챵에가도고날로핍박ᄒᆞ
며둉귀비를참형으로ᄒᆞ여원을풀게ᄒᆞ며텬하에횡힝ᄒᆞ여모든원을갑게
ᄒᆞ노라한신이고두샤은ᄒᆞ고물너가더라 ᄯᅩ진평을불너왓녀ᄂᆞᆫ한왕을자
로권ᄒᆞ여한신을시시로참소ᄒᆞ여운몽에놀기를꾀ᄒᆞ여이민ᄒᆞᆫ신을용
납지못ᄒᆞ게ᄒᆞ엿스니너를셰샹에내여성명을양쉬라ᄒᆞ여조조의슈하쥬
뷔되엿다가한슈대젼에대패ᄒᆞ여도라올때에즁도에셔죽게ᄒᆞ노라ᄒᆞ고
ᄯᅩ소하를불너왓녀ᄂᆞᆫ처음에한신을쳔거ᄒᆞ고훈번도구흠이업스니구장
무상훈지라너를계샹에내여보내ᄂᆞ너성명은원쇠오ᄌᆞᆺᄂᆞᆫ본초라하북에
웅거ᄒᆞ엿다가조조의도모ᄒᆞᆫ배되게ᄒᆞ노라ᄒᆞ고 ᄯᅩ허부를불너왓녀ᄂᆞᆫ셰
샹에나가성명은장뢰라ᄒᆞᆫ즁을웅거ᄒᆞ엿다가조조에게패ᄒᆞ게ᄒᆞ노라ᄒᆞ
고 ᄯᅩ영포를불너왓녀ᄂᆞᆫ용밍이럼파ᄀᆞᆺᄒᆞ여구강에편이잇더니슈하의권

져마무젼

二三

져 마 무 젼

흠을닙어이믹히쥭엇스니셰샹에나가손권이되여조조를딕뎍ᄒᆞ게ᄒᆞ노
라ᄒᆞᆫ대영퐈샤례ᄒᆞ고믈너나니ᄯᅩ퓡월을불너왈너는지용이쌍젼흔쟝쉬
라불샹이쥭엇스니셰샹에보내ᄂᆞ니셩명은류현덕이라쳐음은략간고힝
을격다가관우쟝비를엇어결의형뎨ᄒᆞ고련하를삼분의ᄒᆞ나흘가져한업
을누리게ᄒᆞ노라ᄒᆞᆫ대퓡월이샤례ᄒᆞ고믈너가니ᄯᅩ항우를불너왈그듸ᄂᆞᆫ
용믱이읏듬이오짝이업셔웅위대략으로쥭엇스니그듸로셰샹에내여보
내ᄂᆞ니셩명은관우오ᄌᆞᄂᆞᆫ운쟝이라류현덕으로결의형뎨ᄒᆞ여조조를자
로놀내고손권이두려워ᄒᆞ며텬하에횡힝ᄒᆞ여일홈이만셰에류젼ᄒᆞ게ᄒᆞ
노라항위비샤ᄒᆞ고믈너나니ᄯᅩ려마동등류쟝을불너ᄯᅥᆯ너고슈지져왈너
의류인으로ᄒᆞ여곰오관의슈쟝이되엿다가관운쟝이독힝쳔리ᄒᆞᆯ졔그손
에쥭게ᄒᆞ노라ᄒᆞ고다믈니치고ᄯᅩ광무군리좌거와뎐부를불너왈너의량

인은들으라 항우를 유인ᄒᆞ여 길을 속여 ᄀᆞ ᄅᆞ쳐 턴하를 일케ᄒᆞ고 ᄯᅩ 몸이 망
ᄒᆞ엿스니 그 죄 죽엄죽ᄒᆞᆫ지라 너의 량인으로 셰샹에 ᄂᆡ여보ᄂᆡᄂᆞ니 ᄒᆞᆫ 아ᄒᆞᆫ
안량이오 ᄒᆞᆫ아ᄒᆞᆫ 문취라 용ᄆᆡᆼ이 졀륜ᄒᆞ여 선봉이 되엿다 가 관운쟝의 손에
죽게ᄒᆞ노라 ᄒᆞ고 ᄯᅩ 항ᄇᆡᆨ을 불너 왈 너 눈들으라 달은 사ᄅᆞᆷ과 달나 쳬분이 잇
거ᄂᆞᆯ 오히려 한을 도와 초를 망케ᄒᆞ니 그 죄 즁ᄒᆞᆫ지라 널로 셰샹에 ᄂᆡ여보ᄂᆡ
ᄂᆞ니 셩명은 방덕이라 조조를 도아 쳘군을 거ᄂᆞ려 선봉이 되엿다 가 관공의
손에 죽게ᄒᆞ노라 ᄒᆞ고 항ᄇᆡᆨ이 무류히 퇴ᄒᆞ니 ᄯᅩ 력이긔를 불너 왈 네 그러ᄒᆞᆫ 언변
으로 도 한신의 쐬에 속아 잇미 이 슉엇스 ᄂᆞ니 널로 셰샹에 ᄂᆡ여 보ᄂᆡᄂᆞ니 셩명
은 쥬위라 강동 손권을 도아 도독이 되여 십만 졍병을 거ᄂᆞ려 조조를 듸덕ᄒᆞ
여 잔담이 ᄯᅥ러지게 ᄒᆞ고 련하를 법보 듯ᄒᆞ고 강동 륙군을 웅거ᄒᆞ야 일홈이
ᄉᆞ히에 진동ᄒᆞ게 ᄒᆞ노라 력이긔 샤례ᄒᆞ고 퇴ᄒᆞ니 ᄯᅩ 쇼부를 불너 왈 너 어

저마무젼

二五

져마무젼

진사름이라 한 신을 바르 디로 길을 ᄀᆞ르침애 한 신이 식견이 젹은 고로 미
이 죽엿스니 널로써 셰샹에 내여 보내 ᄂᆞ니 셩명은 졔갈량이라 손빈오긔의
슐법과 관즁의 모략과 샹룡텬문ᄒᆞ고 하찰디리ᄒᆞ며 팔문둔갑과 신긔묘산
을 이로측량치 못ᄒᆞ여 안자셔 쳔리밧긔 일을 결단ᄒᆞ고 류비를 셤겨 조조를
자로 놀내고 십만대군을 필마로 도라 보내고 편갑도 놈기지 아니ᄒᆞ며 ᄯᅩ 강
동손권을 듸뎍ᄒᆞ고 련하를 범보듯ᄒᆞ고 삼국의 뎨일지죄 되여 원을 풀게ᄒᆞ
고 유명만셰ᄒᆞ게 ᄒᆞ노라 초뷔 빅빅 샤례ᄒᆞ고 물너 나더라 ᄯᅩ 번쾌를 불너 왈
너는 위엄이 ᄉᆞ히에 진동ᄒᆞ고 거룩훈 대쟝뷔라 후셰에 한실을 돕게 ᄒᆞ여 셰
샹에 내여 보내ᄂᆞ니 셩명은 쟝비라 류관량인으로 결의 형뎨ᄒᆞ고 조조 손권
으로 두려ᄒᆞ게 ᄒᆞ고 일홈이 ᄉᆞ히에 진동ᄒᆞ여 류비를 돕게 ᄒᆞ노라 번쾌 크게
깃거 무수이 샤례ᄒᆞ고 물너 나거 ᄂᆞᆯ ᄯᅩ 괵쳘을 불너 왈 너는 자로 한 신을 권ᄒᆞ

여일이일지 못흠애랑 패되엿스니 불샹흔지라 널로써 셰샹에 내여 셩명은
방통이라 지혜와 도량이 스히에 진동흐고 용병흐는 지조를 귀신도 측량치
못흐고 빅일공스를 잠시에 결단흐고 류현덕을 위흐여 일홈이 쵹즁에 진동
흐고 련환계로 조조를 파흐고 녯원을 풀어 줌도 와량 보음을 읇게 흐
노라 곽쳘이 샤례흐고 물너 나거늘 또 범증을 불너 왈 너는 지 죄 득흐여 신
긔묘산은 손빈 굿고 빅슈풍진에 자로 항우를 셤겨 졍셩을 다흐여 셤기더니
항위복지 못흐여 너를의 흑흐며 젼공을 흔아 토싱각지 아니흐고 스어 내 쳐
죽게흐니 쟝볼상흔지라 널로써 셰샹에 내여 보내느니 셩명은 륭손이라
강동손권을 도와 빅긔 굿흔 모략으로 려 몽을 잘 ᄀᆞᆯ처 운쟝을 사로 잡아 원
슈를 풀게흐라 범즁이 크게 깃거 무수히 샤례흐고 물너 나니 또 한 싱을 불너
왈 너는 텬셩이 졍직흐여 착흔 말을 흐다가 도로혀 더의 노흠을 니릐혀 참혹
져마무젼

져마무젼

훈형벌을당ᄒᆞ엿스니ᄀ장불상ᄒᆞ지라널로써셰샹에내여보내ᄂᆞ니셩명
은려몽이라용밍이졀륜ᄒᆞ고도량이너르고지혜과인ᄒᆞ여류손으로더브
러의론ᄒᆞ고운쟝을사로잡으며형쥬들엇어위엄이턴하에진동ᄒᆞ여녯원
을풀게ᄒᆞ노라한싱이빅비샤례ᄒᆞ고물너나니귀신을불너왓너는얼골이
관옥굿고풍치름름ᄒᆞ야팔쳑쟝부라츙셩이우쥬에덥혀황뇩좌독으로죽
기들무릅쓰고한왕의복셕을닙고항우들속이려ᄒᆞᆯ때츙신과렬시뉘아니
칭찬ᄒᆞ리오무지ᄒᆞᆫ항왕이어지지못ᄒᆞ여혼번노홈을발ᄒᆞ여만인이두려
워아니리업는지라한군이녀을일코아모리ᄒᆞᆯ슐을모르며항우의호령
에불꼿이니러나니한시급암과룡방비간굿흔츙신이비명상턴ᄒᆞ니엇지
불샹코앗갑지아니리오널로셰샹에내여보내ᄂᆞ니셩명은반쟝이라려
몽의졀졔들밧아뇩쳔산에미복ᄒᆞ엿다가관운쟝이굴형에ᄲᅡ질때에스스

로도모호여네원을풀게호노라긔신이샤례호고물너나거놀또쥬가룰불
너왈너는츙셩을다호여셩지룰굿게직희엿다가몸이쥬륙지경에당호여
오히려굴치아니호고죽엇스니그츙셩이엇지아룸답지아니리오닐로써
강동에나게호느니셩명은쥬연이라용밍이졀륜호고손권을조차관공을
핍박호여원을풀게호노라개빅샤례호고물너나니쏘조참을불너왈
너눈공렬이호대호고용밍이공손시굿호며츙셩을다호여나라홀도아항
우룰핍박홈이심혼지라널로호여곰위국에나게호느니셩명은조의이라
용밍이과인호여번셩을직희엿다가관공에게곤호게호노라조참이원통
홈을알외지못호고물너나니쏘쥬볼을불너왈너눈공렬이우쥬에덥히고
용밍과지혜귀신굿흐며구리산에셔항우룰핍박호여히하싸홈에곤케
호엿스니너를셰샹에나게호느니셩명은우금이라쳘군을거느려관공을

셔마무젼

져 마 무 젼

되뎍ᄒᆞ다가일합에사로잡혀명이죠셕에잇다가형양이파ᄒᆞᆫ후본국에도
라가게ᄒᆞ노라쥬블이물너가거늘쏘룡져를불너왈그듸ᄂᆞᆫ용밍이비샹ᄒᆞ
대쟝뷔라셔쵸의읏듬쟝슈로유슈ᄒᆞᆫ싸홈에ᄒᆞᆫ신에게속아쥬륙을면치못
ᄒᆞ엿스니ᄀᆞ쟝불샹ᄒᆞ지라너를즁원에나게ᄒᆞᄂᆞ니셩명은죠운이라용밍
이파인ᄒᆞ여만인뒤뎍ᄒᆞ고만군즁에나ᄂᆞᆫ다시왕리ᄒᆞ여류현덕을조차ᄒᆞᆫ
난을지내다가ᄒᆞᆫ슈복산ᄒᆞᆫ싸홈에죠죠를잔담이떠러져넉을일케ᄒᆞ여위
엄이텬하에진동ᄒᆞ고현쥬를붓들어파츅에웅거ᄒᆞ여죠죠로발뵈지못ᄒᆞ
게ᄒᆞ고동으로손권을막잘나디경을범치못ᄒᆞ고남으로밍화을물니
치며셔흐로모든오랑캐를졀졔ᄒᆞ고긔특ᄒᆞᆫ대공을셰워일홈이쳔츄에젼
ᄒᆞ게ᄒᆞ노라용졔크게깃거물너나ᄂᆞ또죵리미를불너왈너ᄂᆞᆫ용밍이ᄂᆞᆫ
밍호를잡고지혜ᄂᆞᆫ비샹ᄒᆞ여진츙갈력ᄒᆞ야항우를셤기다가희하ᄒᆞᆫ싸홈

에 패ᄒᆞ니 츙셩된 무음이 군졀ᄒᆞ여 울울ᄒᆞᆫ 분긔를 이긔지 못홈애 ᄒᆞᆫ 줄 눈
물을 흘니며 병긔를 돌나 잡고 패왕의 원슈를 갑고져 ᄒᆞ나 슈면이 다 ᄒᆞᆫ 병이
라 ᄒᆞ일 업서서 한신을 차자 가니 한신이 용납지 아니ᄒᆞ고 인ᄒᆞ여 죽이니 엇지
불샹치 아니리오 이날로 즁원에 나게 ᄒᆞ여 셩명은 마쵸라 용밍은 비호 굿고 얼
골은 형옥 굿고 두 눈은 싯별 굿고 신쟝은 팔쳑이오 위엄 이름ᄒᆞᆫ 사ᄆᆞ에
딕뎍ᄒᆞ리 업고 동관 싸홈에 조조로 ᄒᆞ여곰 일케 ᄒᆞ고 슈염을 싹가게 오목 숨을
도망ᄒᆞ여 도라 가마 밋긔라 ᄒᆞ는 일홈을 부르면 두려워 ᄒᆞ여 원을 풀게 ᄒᆞ노
라 죵리미 무슈히 샤례ᄒᆞ고 물너 가니 또 리좌거를 불너 왈 너는 죽기를 무릅
쓰고 츙셩을 다 ᄒᆞ여 항우를 조차 든니 다가 히하 싸홈에 대패 ᄒᆞ여 스 스로
조문 ᄒᆞ니 ᄀᆞ쟝 불샹ᄒᆞᆫ 지라 이날로 즁원에 나게 ᄒᆞᄂᆞ니 셩명은 황츙이라 쳔근
텰퇴를 쓰고 쳔리마를 능히 져어 ᄒᆞ고 활을 달 의 여 빅발 빅즁 ᄒᆞ여 니르는 바

져마무젼

三一

져마무젼

에디뎍홀재업셔텬하에휭힝ᄒ다가류비룰도와조조룰물니치고하슈북
산ᄒ싸홈에량초룰불지르고조조로ᄒ여곰잔담이떠러지게ᄒ고뎡군산
ᄒ싸홈에조조의밉장하후연을일합에버히고위엄이스히에진동ᄒ여원
올풀게ᄒ노라리좌게깃거무수히샤례ᄒ고물너나거놀ᄯ진희룰불
너왈그디눈지용이곽인ᄒᄒ여츙셩을다ᄒ여패공을도아대공을세워일홈
이소히에진동ᄒ애죠뎡이츄앙ᄒ눈배러니ᄒ여ᄒ신이며벼슬이ᄂ즘을분ᄒ
여너를달닉여나라흘반ᄒ게ᄒ여몸이쥬륙흠을면치못ᄒ지라네한신의
말을듯지아니ᄒ고도젹을쳐소멸ᄒ후대공을일우고도라오던들네몸이
화룰면홀지라분ᄒ도다널로셰상에내여보내ᄂ니셩명은위연이라지혜
와용밍이졀륜ᄒ야류비룰도아조조룰디뎍ᄒ고나죵은즁도에셔반ᄒ여
마듸에베죽게ᄒ노라진희발명치못ᄒ고물너나나ᄯ쥬란을불너왈ᄂ

츙셩을다ᄒᆞ여 항우를조차 십여젼싸홈을다 지내엿스되 조곰도 그름이 업
고 니르는곳마다 대공을셰우고 지셩으로 돕더니 항위지혜업고 쇠 업 ᄂᆞᆫ 필
뷔라 한신의계 패에 ᄲᅡ져 한군을조차 구리산에 들어 감애 네어 온것을 혜
지 아니 ᄒᆞ고 여러번 잔ᄒᆞ되 듯지 아니 ᄒᆞ매 흘일 업셔 항우로 더 브러 둔 니 다
가 계명산 츄야월에 쟝조방의 통소 소래 사 람의 비회를 도 ᄂᆞᆫ 지라 팔쳔데
지 일시에 고향을 싱각ᄒᆞ매 각각 흣허지ᄂᆞᆫ지라 녁이업고 혼 빅이 비월 ᄒᆞᆫ
듯 ᄒᆞ고 졍신이 업 섯 슴애 소셰여 츄고 쟉급ᄒᆞᆫ지라 급히 쟝 즁에 들어 가 니
항위 잠을 깁히 들엇 ᄂᆞᆫ 지라 항우 ᄂᆞᆯ밧 비애와 급히 팔빅군을 거 ᄂᆞ려 ᄒᆞᆫ가지
로 합력 ᄒᆞ 여 십면 미복을 짓 쳐 나 오더니 ᄉᆞ면에 한병의 검극이 둘너 잇고 군
셔 겹겹이 ᄡᅡ 고 경포 핑월이 젼후로 ᄌᆞᆺ쳐 내 닷고 압헤ᄂᆞᆫ 조참의 군시 렬등ᄀᆞᆺ
치 막앗스니 괴치 검극은 셔리빗ᄀᆞᆺ고 뢰고 함셩은 텬디 진동ᄒᆞᄂᆞᆫ듯ᄒᆞ고 소

져마무젼

三三

져마무젼

면에털셩이의ᄒ여굿음이태산굿홈애비룩놀개잇서도놀기어려온지
라스ᄉ로싱각ᄒ디사로잡힐가두려칼을빠혀조문횅ᄉᄒ니ᄀ쟝불샹ᄒ
지라널로셰샹에내여보내ᄂ니셩명은마디라용밍이눌낸팀호굿고의긔
논류관쟝삼인을본밧아충셩을다ᄒ여류비를도아조조를자로핍박ᄒ며
일홈이만디에류젼ᄒ게ᄒ노라쥬란이비샤ᄒ고물너나니쏘은긔를불너
왈너눈용밍이과인ᄒ여셰샹에진동ᄒ더니불샹이죽엇스니널로셰샹에
보내ᄂ니셩명은륭듕이라손권을도아젹벽ᄊᆞᆷ에복병ᄒ엿다가조조
로잔담이떠러지게ᄒ고대공을세워원을풀게ᄒ노라은긔비샤ᄒ고물너
나니쏘쟝감을불너왈너ᄂ처음에진을셤기다가조고의해를납어초에두
항ᄒ여삼진을총독ᄒ다가한신이잔도룰닥가길을삼고진창쇼로나아
와ᄒ번북쳐삼진을멸홈애몸이망ᄒ엿스니ᄀ장불샹ᄒ지라널로셰샹에

내여보내는니 성명은 한당이라 지혜과 인후고 웅호 지삼을 품고 손권을 도
아니르는 곳마다 대공을 세우고 격벽대젼에 조조를 크게 파호고 십만대군
을 편갑도 놈기지 아니호고 일홈이 강동에 진동호고 후셰에 일홈을 류젼호
게 호노라 쟝감이 비샤호고 물너 나니 쏘 하후영을 불너 왓너는 충성이 지극
호여 태즈 셰를 잇게 호엿스니 그 충성이 한시급 암과 룡방비 잔을 되흘지라
엇지 아름답지 아니리오 쏘 공렬이 우쥬에 덥헛스니 널도 셰상에 내여 보내
느니 성명은 쟝완이라 류비를 도아 안호로 국스를 밧들고 밧그로 잔신을 졔
어호여 납군을 요슌굿치 어즈레 돕고 국스를 반셕굿치 밧들다 가 와셕종신
호게 호노라 하후영이 비샤호고 물너 나니 쏘 반쟝을 불너 왓그 되는 지혜와
용밍이 과인호고 비호굿흔 대쟝뷔라 한나라 션봉이 되여 항우늘 되덕흠에
흔번 그름이 업고 일홈이 삼진에 진동호니 뉘 아니 누려호리오 널로써 셰샹

저마무젼

三五

져마무젼

에 내여 보내 누니 셩명은 려 포라 용밍이텬하에 무썅ᄒ고 니르는 곳에 딕딕
ᄒᆞ재 업고 조조로 두려워 ᄒ게 ᄒ며 셔 쥬를 웅거ᄒ여 텬하를 범보듯 ᄒ다가
조조에게 죽게 ᄒᆞ노라 반쟝이 공슌이 물너 나니 ᄯᅩ 관영을 불너 왈 너는 공멸
이호대ᄒ여 패왕을 여러번 되 흔번도 그름이 업셔 텬하에 횡힝ᄒ여
딕덕 ᄒᆞ재 업셔 일홈이 우쥬에 덥혓스니 ᄀᆞ장 불샹 흔지라 널로 셰샹에 내여
보내누니 셩명은 강유라 무후의 명을 들어셔 쳔한 즁을 총독ᄒ여 진츙보
ᄒ다가 구벌즁원ᄒ여 일홈이 삼국에 진동ᄒ고 후셰에 류젼ᄒ게 ᄒᆞ노라 관
영이 빅샤ᄒ고 퇴ᄒ니 ᄯᅩ 쟝량을 불너 왈 너는 사름 되옴이 텬일지 지라 쳐음
에 한국이 망ᄒᆞ매 원이 골슈에 ᄉᆞ못 쳣는지라 력ᄉᆞ를 달니여 박랑사 즁에 숨
겻다가 시황의 수래를 치다 가 일이 일우지 못ᄒ여 류뎡쟝을 도아 진을 멸ᄒ
고 한국 현손을 차자 셰우고 츙의를 펴던 하에 펏슴애 텬고 무썅ᄒ고 운쥬유악

三六

지즁에결승쳔리지지를흥즁에품고패공을도아항우를망호랴홀제단뎌
를가지고계명신츄야월에흔곡됴를슯히불매팔쳔뎨ᄌ를ᄌ연흣허지게
호여초나라를멸호고항우를죽이고한왕을극진이권호여파쵹을웅거호
고턴하를발셥호여졔후를달뇌여초를반케호고잔도를불질너패왕으로
써셔편을도라보지못호게호며동요를지어항우를쳔도ᄒ여옴기게호고
턴하를평뎡혼후에한업을셰워반셕굿치밧들고드듸여죠뎡을하직호고
고향으로도라와샤병벽곡호고젹송ᄌ를차자가신션의류에참여호니이
는쳔고의드믄일이라이러홈으로그디를셰샹에내여보내느니셩명은황
승언이라도덕이놉하산즁에몸을곰초아삼국승패를구경호며신션이되
게뎜지호노라쟝량이비샤호고물너나니ᄯ쵝희를불너왈너는으라처

음에패공이너를볼때에너듯러널으기를턴하를엇으면너를황후를봉홀

뎨마무젼

三七

져마부젼

것이오만일즈식을나흘진댄태즈를봉ᄒ리라ᄒ고언약이금셕굿더니려
후의흉흉해를넘어몸이쥬류지화를당ᄒ고즈식조차죽엇스니엇지불샹
치아니리오널로셰샹에내여보내여다시녀즈로환도ᄒ느니셩은미시라
류비를셤겨황휘되게ᄒ고그즈식으로후쥐되게ᄒ노라쳑희대희ᄒ여빅
빈샤례ᄒ고물너나나라초외허다흔원굴지스를다결단ᄒ고또즁관을불
너왈스빅년묵은숑스눈임의결쳐ᄒ엿스나근리밀넌소지를드리라ᄒ여
사롬의길흉화복을뎜지ᄒ며쏘그즁착흔사롬은셔양극락셰계로보내게
ᄒ고불츙불효무거불측지류눈일병풍도옥에보내여고초물무수히격게
흔후붓을싸헤더지고왈셰샹에셔들으니디부왕이명빅다ᄒ더니오날보
니염라십왕이가히업도다ᄒ듸십왕이참괴ᄒ여피셕듸왈대왕의넓으신
지혜와통달ᄒ신모략은과인등의밋츨배아니로소이다ᄒ고쥬쟉판관을

명호여대연을비셜호고염왕을접디호후즉시표를닥가보던에올닌뒤옥
황이표를보시고무수히칭찬호샤왈엇지셰샹사람으로디부에들어가이
런대숑을결단홈애그공이고금에업다호시고즉시칙지를느리와마무를
다시셰샹에내여보내여부귀공명을팔십셔지누려죵신후다시셰샹에내
여보내여셩명은스마의라위풍이름름호고텬문디리를무불통지호고처
음에위를도와셔흐로졔갈량을디뎌호고동으로손권을방비호다가그후
에오둘로더브러룡일텬하호여국호를진이라호고치국안민홈을뎜지호
게호신대염왕이텬은을감축호고텬문을향호여샤비호후인셰로나아옴
애귀졸등수쳔명이긔치창검으로호위젼비호니위의심히엄슉호더라인
잔길에셔피잇눈지라셕교로오다가실죡호여놀내매드르니몸이상판에
뉘여잇슴애졍신이식식호고아모병이업눈지라눈을쓰며괴좌호니부인

져마무젼

져마무젼

이것헤잇다가일변놀내며일변깃버ᄒ거놀마뮈디부에들어가염왕되전
후말을을으니웬집안이다즐거워ᄒ며신통히녁이더라그후부귀공명이
옥데칙지디로팔십년을태평히누리니라

회심곡

일시암정남은극락셰계라남무아미타불
턴디텬디분혼후에　　셰샹턴디만물즁에
삼남화샹너러나셔　　사름에셔ᄯ또잇는가
이셰샹에나온사름　　여보시오시쥬님네
뉘덕으로나왓슴나　　이내말솜들어보오
대셕님전복을틋　　　아바님젼쎄를틋고
셕가여릭제도ᄒ샤　　어마님젼살을틋고
　　　　　　　　　칠셩님씌명을빌고
인셩일신탄성ᄒ니　　부모은공아올쇼냐
혼두살에철을몰라　　이삼십을당ᄒ야눈
인욱ᄒ고고싱살이　　졀통ᄒ고이달을손
부모은공갑흘쇼냐　　부모은덕못다갑하
　　　　　　　　　무정셰월랴류패니
　　　　　　　　　원슈빅발달녀드니라

인간칠십고린희라
엽던망령졀로나니
망령들어변홀쇼냐
이팔쳥츈쇼년들아
늙은이망령웃지말아
눈어둡고귀먹으니

망령이라흉을보며
구셕구셕웃는모양
졀통ᄒᆞ고의달온들
홀일업고홀일업다
홍안빅발흔것이니
다시졈지못ᄒᆞ리라

인간빅년다살아도
병든날과잠든날과
걱정근심다졔ᄒᆞ면
단ᄉᆞ십을못사ᄂᆞ니
어제오놀셩튼몸이
저녁나절병이드니

셤셤ᄒᆞ고약흔몸에
태산굿흔병이드니
부르나니어마님이오
다만찻나니텅슈로다
인삼록용약을쓴들
약덕인들닙을소냐

판ᄉᆞ드려경넑은들
경덕인들닙을소냐
무녀드려굿을흔들
굿덕인들닙을소냐
ᄌᆞ미서되쑬코쑬어
명산대찰차자가셔

상탕에마지ᄒᆞ고
즁탕에목욕ᄒᆞ고
하탕에슈죡씻고
황쵹흔쌍버려세고
향로향합불굿초
쇼지삼장드린후에

비ᄂᆞ이다비ᄂᆞ이다
하ᄂᆞ님젼비ᄂᆞ이다
칠셩님씨발원ᄒᆞ며
부쳐님씨고양흔들
어ᄂᆞ부쳐님이
감동을ᄒᆞ시랴

져마무젼

四一

져마부젼

뎨일뎐의 진광대왕 뎨삼뎐의 송졔대왕 뎨오뎐의 염라대왕
뎨이뎐의 초강대왕 뎨ᄉ뎐의 오관대왕 뎨륙뎐의 변셩대왕

뎨칠뎐의 태산대왕 뎨구뎐의 도시대왕 열시왕뎌면부린ᄉ쟈
뎨팔뎐의 평등대왕 뎨십뎐의 젼륜대왕 십왕젼의 명을밧아
월직ᄉ쟈일직ᄉ쟈 ᄯ오ᄒ손에창검기차들고 활등ᄀᆞᆺ치굽은길로
ᄒ손에비ᄌ들고 오라ᄉᆞ슬빗기차고 살대ᄀᆞᆺ치다라와셔
다든문을박차면셔 셩명삼ᄌ불너내여 뉘분부라거ᄉ르며
텬동ᄀᆞᆺ치호령ᄒ여 어셔나소밧비나소 뉘령이라머물소냐
팔쥭ᄀᆞᆺ흔쇠ᄉ슬로 ᄒ번잡아ᄭ어내니 ᄉ쟈님아내말듯소
실낫ᄀᆞᆺ흔이내목을 혼비빅산나죽게네 시장ᄒᆞᆫ듸뎜심잡슛고
신발이나곳쳐신고 만단기유의걸ᄒᆞᆫ들 익고답답셜운지
로ᄌ돈이나가져가셰 녀ᄉ쟈가들을소냐 이를어이ᄒ쟈말고
불샹ᄒᆞ직망극ᄒ다 샷진다고슬허말아야 명년삼월봄이되면
인잔하직망극ᄒ다신의일   명사십리힝당화 너눈다시퓌려니와

인싱 혼번 도라가면
다시 오기 어려워라
이 셰샹을 하직ᄒ고
북망산으로 가리로다
엇지갈고 심산험로
뎡수업는 길이로다

불샹ᄒ고 가련ᄒ다
언제 다시 도라오리
쳐ᄌ식의 손을 잡고
만단셜화 유언ᄒ고
졍신 ᄎ려 둘너보니
약탕관을 버려 노코

지셩구호 극진혼들
죽을 병을 살을소냐
녯 늙은이 말들으니
져싱 길이 멀다더니
오늘 내게 당ᄒ여는
대문 밧기 져싱 일다

친구 벗이 만타ᄒ나
어느 친구 딘신 가며
일가 쳔쳑 만타ᄒ나
어느 일가 ᄃᆡ신 ᄒ랴
구ᄉ당에 하직ᄒ고
신ᄉ당에 허비ᄒ고

대삼 내여 언져 노코
젹문 밧글 나서니
혼빅 불너 초혼ᄒ다
업던 곡셩 낭쟈ᄒ다
월직ᄉ쟈는 등을 밀고
일직ᄉ쟈는 손을 ᄭᅳᆯ어

놉흔 ᄃᆡ 츅 모라 갈 제
텬방디츅 모라 지고
시쟝ᄒ고 숨이 ᄎ다
누 준 ᄃᆡ는 놉하지니
인옥ᄒ고 고싱ᄒ며
알들 살들 모은 쳔량

먹고 가며 쓰고 갈가
셰샹 일이 다 허실다
ᄉ쟈님아 쉬여가며
들은 ᄃᆡ도 아니ᄒ며
쇠몽동이로 두드리며
어셔 밧비 가자 더니

져마무젼

四三

져마부젼

그렁져렁열나흘에 우두라찰마두귀졸 인졍달나ᄒᆞ는소래
져싱원문다다르니 소래치며달녀들어 인졍쓸것바이업다
단비주려모은지물 인졍혼푼써나볼가
인졍혼푼써나볼가 져싱으로날나오며 의복버셔인졍쓰고
무셥기도그지업고 환젼붓쳐가져올가 열두대문들어가니
두렵기도측량업다 디렁ᄒᆞ고기드리니 졍신ᄎᆞ려둘너보니
열시왕이좌긔ᄒᆞ고 옥ᄉᆞ쟝이분부ᄒᆞ여 남녀죄인등디ᄒᆞᆯ졔
최판관이문셔잡고 남녀죄인잡아드려 귀면쳥뎨라졸들이
졍긔검극이삼엄혼ᄃᆡ 다짐밧고봉쵸ᄒᆞᆯ졔 젼우좌후버려셔고
형벌긔구를ᄎᆞ려노코 뒤샹호령기드리니 남죠죄인ᄎᆞ례ᄎᆞ례
형벌ᄒᆞ고뭇는말이 엄슉ᄒᆞ기측량업다 호령ᄒᆞ여라입ᄒᆞ여라
이놈들아드러보라 션심ᄒᆞ마발원ᄒᆞ고 무슴션심ᄒᆞ얏느냐
룡방비잔본을밧아 진셰잔에나가더니 바른ᄃᆡ로알외여라
한ᄉᆞ국잔츙셩ᄒᆞ며 즁ᄌᆞ왕샹효측ᄒᆞ여 늙은이를공경ᄒᆞ며
 혼졍신셩효도ᄒᆞ며 형우뎨공우의ᄒᆞ고

부화부슌화목ᄒᆞ고 션심공덕ᄒᆞ엿더니 빈곱흔이밥을주어
붕우유신인도혼다 무슴공덕ᄒᆞ엿ᄂᆞ냐 괴ᄉᆞ구졔ᄒᆞ엿ᄂᆞ냐
헐버슨이옷을주어 됴흔터에원을지여 깁흔물에ᄃᆞ리노와
극락션심ᄒᆞ엿ᄂᆞ냐 힝인구졔ᄒᆞ엿ᄂᆞ냐 월쳔공덕ᄒᆞ엿ᄂᆞ냐
목ᄆᆞ른이물을주어 병든사람약을주어 놉흔뫼에불당지어
급슈공덕ᄒᆞ엿ᄂᆞ냐 활인공덕ᄒᆞ엿ᄂᆞ냐 즁싱공덕ᄒᆞ엿ᄂᆞ냐
됴흔터에원도ᄒᆞ노와 부쳐님씌공양드려 ᄆᆞ음닥가션심ᄒᆞ여
만인희갈ᄒᆞ엿ᄂᆞ냐 념불공부ᄒᆞ엿ᄂᆞ냐 어진사람되마더니
불의힝ᄉᆞᄆᆞᆺᄆᆞᄋᆞᆷ 져죄목을어이ᄒᆞ리 착혼사람불너드려
흉참흉긔극심ᄒᆞ다 만겁인들버셔나랴 공경ᄒᆞ고ᄃᆡ졉ᄒᆞ며
극락가눈사름보소 네소원을다닐너라 련화ᄃᆡ로가랴ᄂᆞ냐
몹쓸놈들구경ᄒᆞ라 네원ᄃᆡ로ᄒᆞ여주마 극락셰계가려ᄂᆞ냐
신션데죠되려ᄂᆞ냐 옥뎨압헤신임ᄒᆞ여 셕가여릭예죠되야
쟝싱불ᄉᆞᄒᆞ려ᄂᆞ냐 반도소임ᄒᆞ랴ᄂᆞ냐 션관소임ᄒᆞ랴ᄂᆞ냐

져마무젼

四五

져마무젼

션녀초지션관되야 출어인간ㅎ랴느냐 남즁일싴호즁신에
요지연에가랴느냐 부귀공명ㅎ랴느냐 명문즈뎨되랴느냐
삼군스명총독ㅎ야 팔도감스륙조판셔 슈명쟝슈부귀ㅎ야
쟝신몸이되랴느냐 대신몸이되랴느냐 부쟈돔이되랴느냐
어셔밧비알외여라 셕가여리아미타불 삼신불녀뎜지홀제
옥뎨젼에보쟝ㅎ쟈 졔도ㅎ게이문ㅎ쟈불 밧비밧비졔도ㅎ라
대우단에올녀노코 몹쓸놈들잡아드려 더런사름셜심으로
쥬찬으로딕졉ㅎ며 착흔사름구경ㅎ라 귀히되여가느니라
너의놈들죄를아느냐 남즈죄인쳐결흔후 엄형으로뭇눈말솜
풍도지옥에가두리라 녀즈죄인잡아드려 너의죄를들어보라
식부모와친부모씨 동셩우이ㅎ엿느냐 요악ㅎ고간특흔년
지셩효도ㅎ엿느냐 친쳑화목ㅎ엿느냐 부모말솜딕답ㅎ고
동싱항렬리간ㅎ야 놈의지물욕심네여 셰샹간특다부려
형뎨불목ㅎ게흔년 도젹ㅎ고한양흔년 열두시로모음변코

못듯는듸육흔년과 군말ᄒᆞ고셩낸년과
조왕압헤소피ᄒᆞᆫ년 놈의말을됴아ᄒᆞᆫ년
 삼악대죄ᄒᆞ엿스니
 풍도셩으로보내리라
죄목을닐으면셔 갈산디옥구렁디옥
온갓형벌다ᄒᆞ여셔 허방디옥침침디옥
 죄지경즁슙혀가며
 ᄎᆞ례로보낼젹에
털망디옥불의디옥 각쳐디옥에분비ᄒᆞ고
화탕디옥니혈옥에 대연을빗셜ᄒᆞ고
 착ᄒᆞ녀ᄌᆞ불너드려
 소원되로뎜지ᄒᆞᆯ제
션녀되여가랴느냐 남ᄌᆞ되여가랴느냐
요지연에가랴느냐 대신부인ᄒᆞ랴느냐
 부귀공명ᄒᆞ랴느냐
 네원되로ᄒᆞ여주마
금장옥잎미챤들노 그아니됴흘소냐
션녀불녀되접ᄒᆞ니 션심ᄒᆞ고무움닥가
 불의힝ᄉᆞᄒᆞ지말고
 조심ᄒᆞ여슈신ᄒᆞ소
회심곡을허시라 션심공부아니ᄒᆞ고
가쇼롭고우이녁여 몹쓸일을슝샹ᄒᆞ면
 구렁비암금슈되여
 몟겁년을버슬소냐
인잔고힝ᄒᆞ는것이 흔을말고원을말고
견셩죄로그러ᄒᆞ니 무음닥가션심ᄒᆞ면
 젼셩죄를버셔노코
 후셰귀히되느니라

져마무젼

四七

져마무젼

남군에게츙셩ᄒ고
부모에게효도ᄒ며
부귀ᄒ며빈쳔흠이
도시ᄉ쥬팔ᄌ니라

부쳐님씌지셩이면
젼셩죄와이싱죄를
ᄉ쥬도망은못ᄒᄂ니
ᄆᆼ음착히닥가셔라

모도다버셔노코
소원디로되ᄂ니라
남무아미타불
관셰음보살

져마무젼 죵

大正三年三月十六日印刷
大正三年三月十八日發行

져마무젼단
定價六錢
郵稅二錢

著作兼發行者 南部上犁洞三二、四 崔昌善

印刷者 仝 崔誠愚

印刷所 仝 新文館

總發行所 京城南部上犁洞 振替京城六六四番 新文館

四八

륙젼쇼셜 지금 난것 풀이

미권 뎡가금 六젼 우셰 두권ᄭᅡ지 二젼

홍길동젼 권지단

홍길동은 하 놀이내신사람이라구태대가의셔
조로나 서던 하 일명을 디신 흐야 묵은 분풀이를
호셔 한 번 발을 구르고 니러나매 그 저죄 커신갓
고 그 거동이 질풍신뢰갓흐 여 현 하 만인의 모골
이 송연흐고 죠뎡빅관의 심담이 셰 늘 흐고 만승
남군이 쏘한 소조를 망지 흐야 필경흐 는 디로 바
러두고 흐 쟈니 디로 흐 여 줄 밧재 업시 되 니 일디
호걸이 오 만 고 영웅이 로다 이 쾌남으의 일을 보
고 무 룹흘 치며 시연 타 아니 흐 눈 이 눈피 잇 눈 산
아회가 아 닐지로다

심쳥젼 권지단

조식 소탕흥 기를 남달니 흐눈은 부모가 잇스
니 불힝히 쇼경흘 아비오 부모 씨 셩 효국 진흐 어
린 조식이 잇스니 불힝히 션동 성업 눈 계집이 라
의 현 하 에 지극 훈 비극 이어 눌 갈 고온 갓 못출 것
거 긔 다 가 집 은 구차흐고 돌 볼 이 눈 업 스니 이 임
잔 잉 훈 집 안 올 더 못 살 게 구 노 라 고 온 갓 못 홀 짓
을 다 흐 야 흐 눈 은 이 의 쌀 로 흐 야 곰 눈물과 한숨
가 운 데 써 러 져 셔 그리 고 그 리 다 가 맛 나게 흐 니
이 슯 흠 으 위 로을 흐 면 하 놀 에 사 마 칠 것 이 로다
그일은 비록 참혹 흐 나 그 동 안 소 조 눈 귀 이 훈 맛
이 만 훈 지 라 유 중 고 혼 될 몸 이 동 히 룡 궁 에 넷 질
김 을 쑴 쑴 은 엇 지 흠 이 며 창 망 훈 바 다 에 난 더 업
눈 련 쏫 이 둥 둥 거 림 은 무 엇 이 며 비 력 질 흐 던 아
희 가 만 승 국 모 가 되 고 의 지 가 지 업 눈 밍 인 이 일
국 부 원 군 이 됨 은 엇 지 흔 곡 절 이 뇨 볼 지 어 다

흥부전 권지단

불상흔부녀의경우를동정ᄒ며복으로차흠을 갑흐시눈소소흔련리를감샤홀지어다

착흔뿌리를심으면착흔갑흠을밧고모진뿌리를심으면모진갑흠을밧나니제비다리만씨미준다고아모나화수분을엇눈다ᄒ며턴하에복밧기처럼쉬운일이어딧스리오세샹에놀부심샤탄말이잇스니얼마만ᄒ품모질면천만고쳔만인의모진마음을혼자다표ᄒ도록되엿스며그러토록모진심스니필경하놀로셔엇더흔갑흠을밧앗눈가갓흔제비의샹ᄒ롤동여미주고갓흔씨를엇어심으고갓흔호박울쪼갯거눌쪼갠뒤일운엄청나게를닉니우리눈이쪼일수업눈리치를이세샹젹지아니ᄒ흥부에게도보이며무수흔놀부에게도보이고져ᄒ노라

춘향전 권지단

진흙물에도련곳이나니창기엔는춘향이가업슬소냐지여낸사람이라ᄒ지마라것마속과말파일이참으로어름갓치맑고옥갓치셰곳ᄒ되나는그우샹압헤졀홀것이오업눈일이라ᄒ지마라놈파년과압서와뒤서가한갈갓치산악처럼교ᄒ고금셕처럼밋불진티나는그가쟉속에서흔굿흠을기러낼지니춘향의눈물은만고졍녀의만흔셜흠을도취흔것이오리도령의한숨은헌하졍남의긴긴흠을춍합흔것이오쳔리산만고가인진조의격고눗기는일과셩감을디표ᄒ눈것이라어린산아회와어린계집아회가문벌음귀쳔이를니고거쥬경향이다른티온갓어려움을격그면서도서로흔고의심흉눈일업시셰못으로비롯흔관계를새못으로결국ᄒ눈이일편졍스눈뷔능히감흥차탄흠을금흥리오럴너의거울은내춘향에보고졍랑의본온내리몽룡에셔보앗도다
(이다음 만히 잇소)

활자본 고소설이란?
— 원형적 상상력과 토속적 감수성의 값진 유산

 고소설은 조선시대에 필사본과 목판본으로 전해오면서 독서계에 '소설혁명'을 불러일으켰다. 애국계몽기 시대로 접어들면서 '신소설'의 출현과 함께 역사의 퇴물로 쓸쓸히 퇴장하는 것처럼 보였지만, 식민지 시대에 다시 유력한 문학 양식으로 화려하게 부활했다. 서양식 인쇄술의 도입과 발전, 살벌한 식민지 검열체제, 그리고 하층민적 감수성을 자극해온 전통적 서사의 매력 등이 맞물리면서 오히려 신소설과 현대소설을 압도해갔다.

 활자본 고소설은 '울긋불긋한 표지에 4호 활자로 인쇄한 100매 내외의 소설'이 그 전형적 면모였다. 1912년 이해조의 개작소설 《옥중화》를 필두로 1930년까지 대략 20년 동안 1천여 회나 간행되었다. 《춘향전》만 1년에 40만 부 가량 팔렸다는 전설적인 기록도 남아 있다. 문학평론가 팔봉 김기진은 활자본 고소설의 인기 비결을 날카롭게 분석했다. 그는 농민과 노동자들이 고소설에 열광하는 까닭을 다섯 가지로 꼽았다.

 울긋불긋한 표지가 독자들의 호기심과 구매욕을 자극한다. 호롱불 밑에서 목침을 베고 드러누워서 보기에도 눈이 아프지 않을 만큼 큰 활자로 인쇄되어 호감을 준다. 값이 싸서 농민과 노동자라도 한두 권쯤은 사 볼 수 있다. 문장이 쉽고 고성대독하기에 적당하다. 재자가인(才子佳人)의 박명애화(薄命哀話)가 눈물을 자아내고 부귀공명의 성공담이 참담한 현실에서 벗어나게 하며 호색남녀를 중심으로 한 음담패설이 성적 쾌감을 불러일으킨다.

이처럼 식민지 시대를 주름잡던 활자본 고소설은 해방 이후 점차 퇴락의 길을 걷게 된다. 우연과 감상성의 남용, 구성의 비현실성, 묘사의 불성실, 인물 설정의 유형화 등은 변화된 시대와 독자층의 욕구를 따라잡기에는 역부족이었다. 하지만 문학 향유의 민주화에 기여한 점에서 활자본 고소설의 공은 결코 적지 않았다. 또한 고소설에 담긴 우리 민족의 원형적 상상력과 토속적 감수성은 21세기에도 여전히 값진 문학적 유산으로 남아 있다.

《심청전沈淸傳》해제
신문관, 1913년

1913년 신문관에서 '육전소설'로 발행되었다. 소설 《심청전》에는 크게 두 가지 계통이 있다. 하나는 심청의 효를 강조하며 엄숙성을 유지하는 경판(京板) 방각본 계열의 작품이고, 다른 하나는 심봉사를 비속한 인물로 희화화하면서 골계미를 강조하고 현실의 양면성을 보여주는 데 주력한 완판(完板) 방각본 계열의 작품이다.

신문관본은 경판 계열의 작품에 속하는데, 뺑덕어미와 관련된 부분을 의도적으로 삽입했다. 다만 이 부분의 표현을 순화했는데, 이는 육당 최남선이 관여한 다른 소설의 편집 방향과 일치한다.

《심청전》은 유교사회의 주요 이념 가운데 하나인 '효'의 문제를 제기

하고 있어서 일찍부터 많은 관심을 받았던 작품이며 판소리, 무가 등으로도 전해져 왔다. 하지만 작품의 주제에 관해서는 견해가 다양하다. 심청의 행동에 초점을 맞추어 자기희생적 효를 강조하는가 하면, 심청의 삶을 영웅의 일생에 빗대어 자아발견의 과정이라고 지적하기도 한다. 그 밖에 유교이념과 현실의 괴리에 대해 유교이념이나 현실 둘 가운데 어느 하나로 극복하자는 서로 다른 주제가 동시에 담겨 있다고 보기도 한다.

주제를 어느 것으로 보든《심청전》은 시대 변화에 따른 전통적 가족주의 가치관의 위기와 여성의 예속적인 삶을 주된 내용으로 다루고 있다. 결말 부분에서는 현실의 고난을 환상을 동원해 해결했다는 한계도 있어서 현대인의 정서와 부합하지 않는 측면도 있다. 하지만 여전히 유효한 유교 이념의 가능성을 논하거나 시대변화와 무관할 수 없는 여성의 삶에 대해 반추하는 계기를 제공하기도 하다. 그래서 고전 작품 이외에도 신소설, 현대소설, 희곡 등 현대 문학작품뿐만 아니라 창극, 오페라, 애니메이션 등 여러 가지 공연물로도 재창조되면서 독자들 곁에 남아 있다.

《전우치전》해제
신문관, 1914년

1914년 신문관에서 '육전소설'로 발행되었다. 내용이 방각본과 약간 차이가 나는데, 이는 육당 최남선이 고소설을 개작한 방향과 그 궤를 같이 한다.

이 작품은 실존인물 전운치와 관련된 설화를 삽화 형식으로 병렬시켜 완성되었다. 전우치의 탄생과 도술 획득 과정, 도술을 사용한 일련의 행적, 서화담과 벌인 대결과 후일담 등 세 부분으로 구성되어 있다. 신문관본에서는 전우치가 "높은 스승을 따라 신선의 도를 배우는" 과정에서 도술을 습득했다고 하는데, 방각본에서는 여우와 천서를 통해 도술을 터득한 것으로 서술되어 있다. 결말부에도 차이가 있다. 서화담과 대결한 후 별도의 언급이 없는 방각본과 달리 신문관본에서는 전우치가 "술법을 가지고 옳은 일을 행하니 기특하다"는 평가를 받고 서화담과 함께 정대한 도리를 찾으러 태백산으로 가는 것으로 처리되어 있다.

  이처럼 허탄한 도술과 전우치의 행위에 대한 태도에서 약간 차이가 난다. 도술 관련 삽화에서도 이런 차이가 드러난다. 예를 들면, 황금들보를 가져가는 대목에서 전우치는 그것이 백성을 구제하기 위해서라고 밝히는데, 방각본에서는 노모를 위한 것이라고 서술되어 있다. 이는 사회를 염두에 둔 행위와 개인의 문제를 해결하려는 행위라는 점에서 신문관본과 방각본의 차이가 극명하다. 또 충성을 다짐하는 부분, 과부를 훼절시킨 중을 혼내주는 부분 등도 탈락되어 있다. 따라서 신문관본에서 전우치의 행위는 사회적 모순을 극복하려는 정치의식으로 표출되고 있다.

  하지만 전우치가 서화담과 벌인 대결에서 패배한 사실이 보여주듯, 그의 행동은 다른 사고방식을 지닌 사람들 특히 지배층에 의해 언제든지 평가대상이 될 수 있으며, 화려한 환상적 유희에도 불구하고 문제 자체를 드러내는 데 그쳤다는 점은 아쉬운 대목이다.

《저마무전諸馬武傳》해제

신문관, 1914년

1914년 신문관에서 '육전소설'로 발행되었는데, 같은 해 신구서림에서 《몽결초한송》이, 1916년에는 《교정 제마무전》이 나왔다. 모든 이본은 방각본처럼 말미에 '회심곡'을 덧붙였다.

이 작품은 항우와 유방 시대의 인물들이 염라국의 송사를 통해 유비와 손권, 조조가 겨루는 삼국시대의 인물로 다시 태어난다는 내용으로, 가상 역사 소설이라 할 수 있다. 중국 설화집에 실린 《요음사사마모단옥(鬧陰司司馬貌斷獄)》과 내용이 비슷하지만, 훨씬 많은 인물들을 등장시켜 작품의 폭을 확장했을 뿐만 아니라 두 시대의 인물 특성을 잘 포착해 연결함으로써 번안작 이상의 가치가 있다. 이 같은 작품이 출현할 수 있었던 것은 조선시대에 《서한연의》와 《삼국지연의》가 널리 읽혔고 역사에 관심을 두던 독자들이 많았던 사실과도 무관하지 않다. 줄거리는 다음과 같다.

동한 말년 저마무는 재주가 있지만 재물이 있어야 과거에 급제한다는 말을 듣고 고향에 돌아와 세월을 보내다가 옥황상제와 염라대왕을 원망하는 글을 쓴다. 북두칠성이 인간 세상을 살피다가 이 글을 보고 옥황상제에게 전한다. 옥황상제는 노여워하며 저마무를 잡아오라고 명령한다. 저마무는 자신이 죽거든 시신을 수습하지 말라고 이르고 저승사자를 따라간다.

염라국에서 옥황상제와 염라대왕의 잘못을 탓하던 저마무는 염왕을 대신해서 400년 묵은 송사를 처리하겠다고 자처하고 나선다. 그는 초한 시절의 여러 호걸과 영웅들의 억울한 사정을 들은 후 그들의 길흉화복을

감안해서 한신은 조조로, 항우는 관우로, 초부는 제갈량으로 바꾸어 삼국시절 인물로 다시 태어나도록 처결한다. 옥황상제는 저마무에게 80세까지 부귀공명을 누린 후 사마의로 태어나 천하를 통일하도록 새로운 운명을 준다. 인간계로 돌아온 저마무는 80세까지 부귀공명을 누린다.

해설: 이주영(서원대학교 국어국문과 교수)

아단문고 고전 총서 1

육전소설 : 심청전, 전우치전, 저마무전

펴낸곳 현실문화
펴낸이 김수기

기획 아단문고 기획실
해설 이주영

편집 좌세훈
디자인 강수돌
마케팅 오주형
제작 이명혜

첫 번째 찍은 날 2007년 10월 30일
등록번호 제1999-72호
등록일자 1999년 4월 23일
주소 서울시 서대문구 충정로 2가 190-11 반석빌딩 4층
전화 02)6326-1125(편집) 02)393-1125(영업)
팩스 02)393-1128
전자우편 hyunsilbook@paran.com
값 10,000원

ISBN 978-89-92214-29-2 94810
　　　978-89-92214-28-5(세트)